Kath. Grundschule
Annostraße
53859 Niederkassel
Telefon 02208 / 37 61

Sprachreise 3

Herausgegeben von
Christine Kretschmer

Erarbeitet von
Astrid Arauner
Sieglinde von Beckerath
Sabine Brandt
Heidelinde Foster
Christine Kretschmer
Barbara Sengelhoff
Barbara Winter
in Zusammenarbeit mit der Redaktion

Redaktion
Nina Offrich
Gerhild Schenk

Illustrationen von
Christa Unzner
Harald Larisch

Gestaltung und technische Umsetzung
Marion Röhr

Sprachreise 3

Sprachbuch für die Grundschule
3. Schuljahr

Cornelsen

Inhalt

Wieder in der Schule

6

Können wir Freunde sein?

38

Familienbilder

14

Im Winter

46

Vom Wohnen

22

Wünschen und träumen

54

Essen und trinken

30

Berufe

62

Mit Pferden
leben

70

Spiele früher –
Spiele heute

102

Es wird Frühling

78

Hörgeschichten

110

Wege gehen

86

Aus aller Welt

118

Vom Wasser

94

Wörterliste **126**

Buchstaben,
Wörter und Sätze **132**

Lernbereichsübersicht **138**

5

IN DER SCHULE
REDEST DU ÜBER FERIEN...

Wieder in der Schule

1 Worüber reden die Kinder wohl?

 ... UND IN DEN FERIEN ÜBER SCHULE!

Von den Ferien erzählen

 1 Erzählt von euren Ferienerlebnissen.

Gesprächsregeln vereinbaren

Momo sagt:
„Ich finde, es sollten nicht so viele Kinder durcheinander reden."

> Wie wir miteinander reden
>
> Vorsatz 1: Es darf nur einer reden.
> Vorsatz 2: Die anderen hören zu.
> Vorsatz 3: Wir schauen das Kind an, das spricht.
>
> Momo

> Gesprächsregeln
>
> – Ich melde mich, wenn ich etwas sagen möchte.
> – Ich höre zu, wenn ein anderes Kind spricht.
> – Ich schaue das Kind an, das spricht.
>
> Tom

 2 Vergleicht die beiden Entwürfe.

 3 Schreibt eure Gesprächsregeln auf.

HIER WIRD SICH GETRAUT...

Gesprächskarten schreiben

① Imo entscheidet, worauf sie bei Gesprächen achten will.

② Sie schreibt ihren Vorsatz auf eine Karte.

③ Imo legt die Karte zur Erinnerung vor sich hin.

 1 Was gelingt dir im Gespräch gut, was noch nicht?

andere freundlich ansehen Fragen stellen
aufmerksam zuhören deutlich sprechen
niemanden auslachen die eigene Meinung sagen
…

Hat die Lehrerin auch eine Karte?

 2 Schreibe eine Gesprächskarte für dich und gestalte sie.

Der Klassenrat tagt

Simon leert den Klassenbriefkasten.
Zwei Briefe sind für den Klassenrat.

> Lieber Klassenrat, immer, wenn ich die Tafel schön sauber gewischt habe, kritzeln einige Kinder sie wieder voll.
> Kati

> Lieber Klassenrat, gestern konnte ich nicht über den Kasten springen. Ich fand es blöd, dass alle gelacht haben.
> Simon

Im Klassenrat beraten sich alle Kinder. Ein Kind leitet das Gespräch. Ein anderes Kind schreibt auf, was entschieden wurde.

Beschluss zum Brief von Kati:
Wer in der Pause etwas an die Tafel schreibt, muss es selbst wieder wegwischen.

Beschluss zum Brief von Simon:
Wenn ein Kind etwas noch nicht so gut kann, darf es keiner auslachen.

 3 Was haltet ihr von der Idee, einen Klassenrat einzurichten?

 4 Was würdest du im Klassenrat gern besprechen?

 5 Wählt für euren Klassenrat eine Leiterin / einen Leiter und ein Kind, das aufschreibt, was entschieden wurde.

Wörter trennen

Im Klassenrat-Buch wurden manche Wörter getrennt.

> Wörter mit zwei oder mehr Silben kann man mit **Trennungsstrichen** trennen:
> die Pau-se   sit-zen
> der Klas-sen-rat   aus-la-chen

Beschluss zum Brief von Kati:
Wer in der Pause etwas an die Tafel schreibt, muss es selbst wieder wegwischen.

Beschluss zum Brief von Simon:
Wenn ein Kind etwas noch nicht so gut kann, darf es keiner auslachen.

 1 Klatsche die Silben der Wörter und schreibe sie mit Trennungsstrichen auf.

das Foto • der Zettel
witzig • die Tafel • die Schule
zuhören • der Sommer
sprechen • die Karte
die Feuerqualle • die Jacke

das Fo-to, der Zet-tel, …

> Wörter mit **doppeltem Mitlaut** werden zwischen den beiden Mitlauten getrennt:
> die Klas-se   tren-nen   bit-ten
>
> **ck, ch** und **sch** werden nicht getrennt:
> schi-cken   la-chen   wi-schen

Alle Wegezeichen stehen auf der Klappe hinten im Buch.

Üben mit dem 1. Wegezeichen ▲

In der 2. Klasse hast du mit dem Wegezeichen ▲ so geübt:
die Schule 6B/4L/2S (6 Buchstaben/4 Laute/2 Silben)

Trenne ab jetzt alle Silben des Wortes mit einem **Trennungsstrich**.

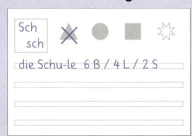

die Geschichte ▲
der Name ▲ ■
die Qualle ▲ ● ✷
aufpassen ▲ ●
dürfen ▲
andere ▲
danach ▲

Geschichten über Zahlen

Aus einem Buch über Mathematik:

Mathematik kannst du dir vorstellen als ein großes Land. Ein Land mit vielen Geheimnissen. In diesem Land kann man Geschichten erzählen und erleben.

Urs Ruf und Peter Gallin

18 heißt auf Türkisch **on sekiz**. Das bedeutet zehnacht.

Elena und Tom schreiben Lerntagebücher.

Tom schreibt über seine Lieblingszahlen.

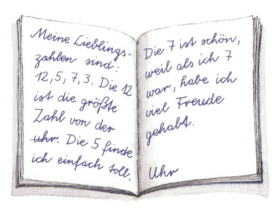

> Meine Lieblingszahlen sind: 12, 5, 7, 3. Die 12 ist die größte Zahl von der Uhr. Die 5 finde ich einfach toll.
>
> Die 7 ist schön, weil als ich 7 war, habe ich viel Freude gehabt.
>
> Uhr

Weißt du noch?

Nomen (Namenwörter) werden mit **großem Anfangsbuchstaben** geschrieben. Sie haben einen **Artikel** (Begleiter).

Geh mal auf Zahlenreise!

1 Erzähle von deinen Lieblingszahlen.

2 Schreibe eine kleine Zahlengeschichte.

3 Elena hat am Computer eine Zahlengeschichte geschrieben. Was ist beim Schreiben geschehen?

4 Was würdest du anders schreiben? Begründe.

unsere hausnummer ist 112. das finde ich lustig. das ist die gleiche nummer wie von der feuerwehr.

Aus einer Zeitung

MATHE IST NICHTS FÜR MÄDCHEN!?
Mädchen unterschätzen sich im Mathematikunterricht

Die Mädchen wollen wissen, was die Kinder der Klasse darüber denken. Sie veranstalten ein „Blitzlicht".

Ein Blitz beleuchtet alles.

Aber nur ganz kurz.

Blitzlicht

- Ihr sitzt im Kreis.
- Reihum sagt jedes Kind mit einem oder zwei Sätzen seine Ansicht.
- Nichts ist falsch.
- Alle Kinder hören zuerst nur aufmerksam zu.
- Erst wenn die Runde beendet ist, findet ein Gespräch statt.

1 Setzt euch zum „Blitzlicht" zusammen.

In unserer Klasse | erzählen wir oft | lustige und | interessante Geschichten. | Dabei sitzen wir | im Kreis | und sehen | einander an. |
Alle Kinder | passen gut auf | und hören | aufmerksam zu. | Erst | wenn ein Kind | fertig ist, | darf das nächste | sprechen.

Manche Kinder | benutzen | als Hilfe | eine Karte. | Darauf steht, | worauf | sie achten wollen, | wenn wir | Gespräche führen.

die Hilfe	▲■
der Kopf	▲■
der Nachbar	▲■
der Nächste	▲■
dauern	▲■
schicken	▲●
interessant	▲●
darüber	▲
erst	▲

Übungsseiten

 1

Beschreibe einen oder zwei der abgebildeten Steine.

Der zweite Stein ist …

Ferien-Sachen

Momo hat aus den Ferien Steine mitgebracht.

glatt • rau • groß • klein
löchrig • durchsichtig • grau
trüb • rosa • oval • eckig
gelb • rund • uneben
scharfkantig • herzförmig

Weißt du noch?

Wörter, die sagen, **wie** etwas ist, heißen **Adjektive** (Wiewörter).

 2

Setze **St/st** für die großen und kleinen Steine ein.

Bums, zwei ◯olper◯eine
verhexen meine Beine.
Zwei verhexte ◯olperbeine
◯olpern über ◯olper◯eine.
Autsch, das ist gemein,
du verhexter ◯olper◯ein.

Regina Schwarz

3

Schreibe die Nomen (Namenwörter) in der Einzahl und in der Mehrzahl auf. Übermale, was sich in der Mehrzahl verändert.

der Stein – viele Steine

eine Münze – die Münzen

Ferien-Kiste

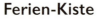
wenige • viele • die • mehrere • einige

12

Liebe Oma, ...

liebe oma, lieber opa,

in den ferien war es bei euch sehr schön. ich schicke euch ein paar fotos von unserem ausflug in den zoo. wie findet ihr das foto vom löwen?

bis bald!
euer tom

wild	glatt	der Sonnenhut	der Löwe
glitschig	rund	die Muschel	der Stein
rau	bunt	die Münze	die Qualle

Zucker	Woche	Bälle	Ecke
Mappe	Sonne	Füller	Mütze
Klasse	Katze	Flasche	Rutsche

Zicke, zacke,
Zwiebelbrei,
zwiesel, zwasel,
Zauberei.
Zicke, zacke, zaus –
und du bist raus!

Regina Schwarz

1
Schreibe den Text richtig ab. Achte auf die Großschreibung der Nomen (Namenwörter) und der Satzanfänge.

Liebe Oma, ...

2
Ordne jedem Nomen (Namenwort) ein passendes Adjektiv (Wiewort) zu.

der wilde Löwe, ...

3
Schreibe die Wörter mit Trennungsstrichen.

Zu-cker, ...

4
Sprich den Abzählreim. Schreibe mit Trennungsstrichen.

Zi-cke, za-cke, ...

Familienbilder

Der holländische Maler Rembrandt hat dieses Familienbild vor mehr als 300 Jahren gemalt.

•• 1 Was gefällt dir an dem Bild? Was fällt dir dazu ein?

2 Gut zugehört? Was hat deine Partnerin/dein Partner zum Bild gesagt?

Familienbilder

Fünf Kinder der Klasse 3a stellen das Bild nach.
Ein Kind ist der Standbildbauer. Wenn das Standbild fertig ist,
bleiben alle fünf einen Moment so stehen. Wie bei einem Foto.

1 Stellt das Familienbild nach.

2 Die Zuschauer sagen, was ihnen am Standbild
auffällt. Sie geben dem Standbildbauer Tipps.

3 Nachher sagen die Figuren, wie sie sich
in ihrer Rolle fühlen.
„Ich bin in der Mitte, das ist schön."
„Ich als Vater …"

das Baby	▲ ✻
die Eltern	▲
der Fuß	▲ ■
das Gespräch	▲ ■ ✻
gehören	▲ ■
hinter	▲

4 Beschreibe das Bild genauer.
Verwende dazu Wörter
aus dem Linienkasten.

Der Hintergrund ist sehr dunkel.
Die Gesichter sind hell.
Die Mutter …

kostbar • goldfarben • ernst • rot
fröhlich • hell • dunkel • schwarz
sitzen • stehen • blicken • halten
glänzen • ansehen • leuchten
Vordergrund • Hintergrund • Mitte
links • rechts • zwischen • neben
oben • unten • vorn • hinten

5 Vergleicht, was ihr aufgeschrieben habt.

Bilder im Bild

Der Vater steht hinter den Kindern.
Er schaut den Betrachter an.
Seine Kleider sind dunkel.
Nur sein Gesicht ist hell.
Der Vater und die beiden Schwestern
bilden ein Dreieck.

Schau auf das große Bild.

•• 1 Warum ist der Vater wohl so dargestellt?

2 Stell dir vor, du bist eine der Schwestern.
Wie fühlst du dich mit dem Vater hinter dir?

•• 3 Lasst die Schwestern
miteinander sprechen.
Spielt ein Gespräch.

Worüber sprecht ihr mit euren Geschwistern?

•• 4 Schreibt ein Gespräch.
Verwendet die Verben (Tuwörter)
aus dem Kasten.

Die kleine Schwester sagt:
Ich möchte auch mal den Korb halten.

sprechen
sagen • fragen • antworten • rufen
flüstern • bitten • brüllen • betteln
wispern • erklären • nachgeben

Weißt du noch?

Wörter, die sagen,
was jemand tut, heißen
Verben (Tuwörter).

Ich geh in deinem Gesicht spazieren.
Alles ist vertraut:
dein Mund,
deine Nase.
Ich fühle
die weiche Haut
und muss halten
bei den lachenden Augen.

Regina Schwarz

1 Wie verstehst du den ersten Satz des Gedichts?

2 Stell dir das Gesicht deiner Mutter oder deines Vaters vor.
Schreibe auf Papierstreifen, was du in Gedanken siehst oder fühlst.

Ich gehe in deinem Gesicht spazieren.

Alles ist vertraut:

dein schönes Haar …

3 Aus deinen Streifen kann ein Gedicht entstehen.
Verändere, bis dir die Reihenfolge gefällt.

rot • glatt • grün • lang • spitz • schön
Augen • Wangen • Lippen • Kinn
Nase • Wimpern

4 Ordne die Adjektive (Wiewörter)
den Nomen (Namenwörtern) zu.
Kennzeichne in jedem Wort den kurzen
oder den langen Selbstlaut.

rote Lippen, …

Zwielaute klingen
immer lang:
Augen, …

Familiengeschichten

Auch Fotos erzählen Familiengeschichten.

Meine Schwester und ich haben für meine Mutter Ostereier versteckt. Dann musste sie suchen. Und wo waren die Ostereier? Im Bett.

Es war in den Sommerferien an der Nordsee. Meine Familie und ich sind zweimal spazieren gegangen. Einmal habe ich einen Grashüpfer gefangen. Er war grün wie Gras.

Neben unserem Weg waren saftige Wiesen mit vielen Kühen.

Ich bin in einen Kuhfladen getreten.

In den Ferien waren wir in den Alpen.

Oben auf den Gipfeln lag noch Schnee.

Die sind frei herumgelaufen.

1 Schreibe Simons Sätze auf Papierstreifen. Ordne sie zu einem Text.
 Oder: Bring ein Foto von zu Hause mit, zu dem du schreiben möchtest.

2 Gestaltet eine Pinnwand mit euren Fotos und Texten.

Üben mit dem Merkwörterstern

Markiere die besondere Stelle im Merkwort.
Suche dann das Merkwort in der Wörterliste.
Schreibe die Seitenzahl auf.

fe**h**len, S. 127

F f	▲	●	■	�
fehlen, S. 127				

Üben mit dem 2. Wegezeichen ●

Mit dem ● übst du Wörter mit **doppeltem Mitlaut**, mit **ck** oder mit **tz**.

Setze einen **Punkt** unter den **kurzen Selbstlaut**.
Kreise hinter dem Selbstlaut **die beiden Mitlaute ein**.

der Ro̱(ck)

Finde weitere Wörter mit diesen beiden Mitlauten.    ba̱(ck)en   die E̱(ck)e

Findest du auch Reimwörter?   der Blo̱(ck)   der Bo̱(ck)

CALVIN AND HOBBES © Watterson. Reprinted with permission of UNIVERSAL PRESS SYNDICATE. All rights reserved.

1 Wie findest du Calvins Ausrede?

I know this comic.

Momo und Sita | sprechen | über die Comic-Bilder. |
Momo sagt: | Calvin hat | oft Ärger |
mit seinen Eltern. | Zum Glück | fällt ihm immer |
eine Ausrede ein. | Komm, | wir spielen |
das Gespräch. | Ich übernehme | die Rolle |
von Calvin. | Du stellst | die Mutter dar. |

D Momo zieht | einen Rock an. | Sita sagt: | Der Rock |
ist nicht nötig. | Calvins Mutter | trägt eine Hose. |
Und du | fühlst dich | in Hosen | doch auch wohl.

das Glück	▲●■
der Rock	▲●■
die Rolle	▲●■
fehlen	▲■✧
fühlen	▲■✧
führen	▲✧
sprechen	▲■✧
stellen	▲●✧
wohl	▲✧

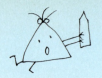

Übungsseiten

✏️ **1**
Schreibe den Text auf.
Ergänze die Sätze.

Immer ich

Immer ich muss morgens als Erster ins Bad.
Immer ich muss ▬▬▬▬▬▬▬▬▬.
Immer ich muss ▬▬▬▬▬▬▬▬▬.
Immer ich muss ▬▬▬▬▬▬▬▬▬.
Immer ich muss beim Telefonieren aus dem Zimmer,
weil ihr mich immer stört.

Regina Schwarz, verändert

✏️ **2**
Schreibe die Wörter
mit **ah, äh, eh, ih, oh,
uh, üh** so heraus:

Uhr
gähne
…

Am Morgen

Mama kommt um 6.30 U̅r und weckt mich.
Ich strecke mich kräftig und gä̅ne laut.
In der Küche setze ich mich auf meinen St u̅l.
Papa r ü̅rt müde in seinem Kaffee.
Ich erz ä̅le i̅m, was ich geträumt habe.
Nach dem Essen putze ich meine Z ä̅ne.
Jetzt muss ich mich s e̅r beeilen.
In z e̅n Minuten f ä̅rt meine B a̅n.
Schnell n e̅me ich meine Jacke vom Haken
und öffne unsere W o̅nungstür.

✏️ **3**
Trenne die Nomen
(Namenwörter) in
der Mehrzahl und die
Verben (Tuwörter)
in der Grundform.

Uhr, Uh-ren
gähne, gäh-nen
…

Das sind ja alles
Merkwörter!

✏️ **4**
Schreibe die Wörter
aus der Wörterliste
ab und notiere die
Seitenzahl. ABC
Markiere die
besondere Stelle.

der Zahn, S. 131
das …, S. …

Üben mit dem Merkwörterstern ✦

Üben mit dem Wegezeichen ●

hell • eckig • klein • fröhlich • schmal • rau
dunkel • groß • breit • schnell • neu • lang
traurig • rund • alt • langsam • kurz • glatt

Rätsel

In einer Familie gibt es vier Schwestern.
Jede von ihnen hat einen Bruder.
Wie viele Kinder hat die Familie?

1
Finde in der Wörterliste ab Seite 126 Wörter, die du mit dem ● üben kannst.

das All, …

2
Bilde Gegensatzpaare.

hell – dunkel
…

3
Finde zu einigen Adjektiven (Wiewörtern) aus Aufgabe 2 passende Nomen (Namenwörter). A B C

die kleine Maus,
das schnelle Auto,
…

4
Vergleicht eure Ergebnisse.

Vom Wohnen

Manche Menschen leben in einem fahrbaren Zuhause, andere sind mit Zelten unterwegs.

1 Warst du schon einmal mit dem Zelt oder einem Wohnwagen unterwegs? Wie ist es wohl immer so zu leben?

Wie leben Nomaden?

Nomaden sind Völker oder große Familien, die nicht immer am gleichen Ort leben. Meist sind es Hirtenvölker, die Herden besitzen und mit diesen auf weiten Wanderwegen zu den Weiden ziehen. Die Familien sind mit Hausrat und Zelten das ganze Jahr unterwegs. Manche legen Entfernungen bis zu 1 000 km zurück. Nomaden gibt es heute noch in den → Steppen Nordafrikas und Asiens.

1 Schreibe die Wörter aus dem Text auf, die du erklärt haben möchtest.

2 Versucht einige Begriffe gemeinsam zu klären.
Manche Fragen beantwortet der Text, wenn man genau liest.

3 Beantworte diese Fragen.
a) Wohin ziehen die Nomaden mit ihren Herden?
b) Was nehmen sie auf ihre Wanderungen mit?
c) Wie viele Kilometer legen manche Nomaden im Jahr zurück?
d) Wo gibt es heute noch Nomaden?

a) Sie ziehen mit ihren Herden ...

Im Lexikontext oben rechts weist ein Pfeil auf das Wort → **Steppe**. Der Pfeil bedeutet: Du kannst auch diesen Begriff nachschlagen.

Steppe: Eine Steppe ist meistens eine weite Ebene, die mit Gras oder Sträuchern bewachsen ist. Bäume sind in Steppen selten, weil es oft zu trocken für sie ist.

Wenn ich etwas wissen möchte, schlage ich im Lexikon nach.

Weißt du noch?
Nach einem **Fragesatz** steht ein **Fragezeichen**.

4 Schreibe 2 Fragen zum Text auf.

5 Beantwortet eure Fragen gegenseitig.

Paul lebt in einem Zirkuswagen

Sein Bettzeug räumt Paul <u>jeden Morgen</u> in den Bettkasten.
Seine Hausaufgaben macht er am Küchentisch.
Sein Bett baut Paul am Abend <u>aus dem Sofa</u>.
Seine Eltern treten <u>seit vielen Jahren</u> als Trapezkünstler auf.
Paul möchte <u>später</u> auch Trapezkünstler werden.

1 Stelle die unterstrichenen Satzteile an den Anfang.
Klingt der Text nun besser?

Jeden Morgen räumt …

Satzanfänge werden großgeschrieben.

Wörter mit demselben **Wortstamm** sind miteinander **verwandt**.
Sie gehören zu einer **Wortfamilie**.
Der **Wortstamm** wird immer gleich oder sehr ähnlich geschrieben:
*wohn*en, **Wohn**mobil, be**wohn**t, …
Haus, Be**haus**ung, **Häus**chen, …

2 Bilde Wörter. Unterstreiche den Wortstamm.

unbe<u>wohn</u>t, der Be<u>wohn</u>er, …

Üben mit dem 3. Wegezeichen

Verlängere das Wort oder suche
verwandte Wörter.
Unterstreiche den Wortstamm.

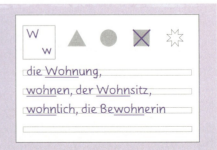

In meinem Zimmer

Heb mal endlich alles vom Boden auf!

1 Was möchtest du in deinem Zimmer tun?

*Ich möchte in meinem Zimmer Musik hören.
In meinem Zimmer …*

Musik hören • lesen
basteln • bauen • reden
singen • toben • tanzen
träumen • faulenzen

Typisch Eltern!

2 Schreibe einige Aufforderungssätze.

Leg sofort …! Pack endlich …!

stellen • legen • räumen
jetzt • unbedingt • sofort

> Hinter **Ausrufen** und **Aufforderungen**, die mit besonderem Nachdruck gesprochen werden, steht ein **Ausrufezeichen**.
> *Räum endlich auf!   Hallo!   Pass auf!*

Hallo Sita! |
Hast du Lust | mich in unserer | neuen Wohnung |
zu besuchen? | In meinem Zimmer | habe ich |
ein bequemes | Sofa. | Wir könnten uns | ausruhen |
und dann zusammen | Hausaufgaben machen. |
Ich habe jetzt | einen eigenen Computer |
und einen neuen Schreibtischstuhl. | *Momo* |

Wir könnten | ein Zelt | im Garten | aufstellen |
und mit meinem Hund | Zirkus spielen. |
Schreib mir bitte | bald zurück.

das Bett	▲●■
der Hund	▲■
der Mensch	▲■
der Schrank	▲■
der Stuhl	▲■✦
die Wohnung	▲■✦
das Wort	▲■
das Zelt	▲■
sich ausruhen	▲■✦
gefallen	▲●■
turnen	▲
bequem	▲✦
möglich	▲■
unterwegs	▲■
zusammen	▲●

Türschilder

Dieses Türschild hat Janosch für Kinder entworfen.

1 Was sagst du dazu?

2 Entwirf ein eigenes Türschild. Verwende Wörter aus den Kästen oder eigene Wörter.

Benutze einen Zettel,
um einen Entwurf für dein Türschild zu verfassen.
Erst wenn du mit deinem Text zufrieden bist,
schreibe ihn auf Karton und male dazu.
Du kannst dein Türschild auch am Computer entwerfen.

Diesen Raum bewohnt

ein eine	außerirdisch römisch mutig schlafend gefräßig hungrig sanft spuckend berühmt	Dornröschen Monstertier Zauberschüler Seefahrerin Schmusekatze Bücherwurm Leseratte Fußballspieler Lichtgestalt

Also betreten Sie ihn

mit äußerster Vorsicht   mit weißer Friedensfahne
auf leisen Sohlen   mit klugen Zaubersprüchen
mit tiefer Verbeugung   …
mit königlichem Hofknicks
mit besonders guten Fußballschuhen

1 Du kannst den zweiten Satz auch so verändern:

Also betreten Sie ihn nicht ohne schwere Bücherkiste ...

Momo schreibt ihren Türschild-Text am Computer.

Nach dem Schreiben **markiert** sie den Text.

Sie wählt eine **größere Schrift** …

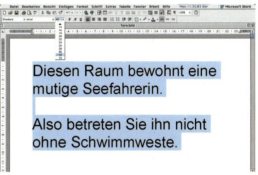

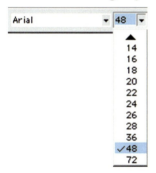

… und setzt dann den Text **in die Mitte** der Seite.

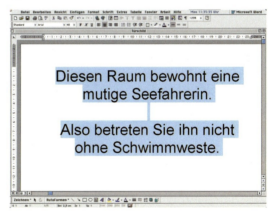

2 Welchen Türschild-Text findest du besser gelungen? Begründe deine Meinung.

Übungsseiten

1

Setze die Zeilen zum Gedicht zusammen.

In einem großen …

2

Überlege dir selbst einen Vierzeiler.

3

Suche Wörter aus der Wortfamilie **HAUS**. Du kannst auch einen Wörterroboter zeichnen.

4

Suche in der Wörterliste ab Seite 126 einige Wörter mit **h** nach langem Selbstlaut. Markiere das **h** und den langen Selbstlaut. A B C

sich ausruhen, …

5

Schreibe die Wörter, geordnet nach Wortfamilien, auf. Unterstreiche den Wortstamm.

die Zahl, zählen, …
bohren, …

Klaus und Kläuschen

und wohnt im kleinen Häuschen.

da wohnt ein Schneck mit Namen Klaus.

Der Sohn von Klaus heißt Kläuschen

In einem großen Schneckenhaus,

Paul Maar

Verwandte Wörter

das Schneckenhaus
das Häuschen

In **Häuschen** verändert sich der Wortstamm.

die Zahl • bohren • der Fühler • drahtlos • die Uhr
das Drahtseil • der Uhrmacher • wählen • bezahlen
der Draht • zählen • fühlen • der Uhrzeiger • die Wahl
das Gefühl • verwählt • der Bohrer • die Bohrmaschine

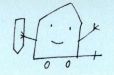

ab
vor
aus
fahren
nach
weg
los
weiter

"Fahr endlich los!"

1
Schreibe die Verben (Tuwörter) so auf:

abfahren, er fährt ab
vorfahren, er …

2
Schreibe Aufforderungssätze mit dem Verb (Tuwort) **fahren**.

Fahr endlich los!
Fahr sofort …

d oder t?

Hun✶   Zel✶
Lich✶   Pfer✶
Hem✶   Wan✶
Klei✶   Lan✶

g oder k?

Schran✶   Ban✶
Wohnun✶   Din✶
Bur✶   Geschen✶
We✶   Zu✶

Das ist eine Übung für mich.

3
Schreibe die Wörter in der Mehrzahl und in der Einzahl.

die Hunde – der Hund
…

4
Setze die Zeilen zum Gedicht zusammen. Du kannst auch dazu malen.

sah ich ein großes, schreckliches Tier.

Es war so hässlich, dass es mir graute,

Als ich durch das Gartentor schaute,

und fragte freundlich: „Willst du zu mir?"

Frantz Wittkamp

29

Essen und trinken

1 Wie frühstückst du?

Frühstück weckt die Lebensgeister

1 Was isst du gern zum Frühstück?

2 Welche Lebensmittel sind gesund, welche sind ungesund?

3 Schreibe ein *Was-ich-mag-Alphabet* oder ein *Was-ich-nicht-mag-Alphabet*.

4 Plant ein gemeinsames Frühstück mit vielen gesunden Lebensmitteln.

Ich bringe Tsatsiki mit. Das isst man in Griechenland.

Was ich mag:
Apfel
Banane
Curry-Soße
D …

Adjektive bilden

| die Frucht • die Körner • der Fisch • der Saft • das Salz • das Mehl |
| die Sahne • das Eis • das Fett • die Krümel • der Käse • das Gift |
| spritzen • knacken • knuspern • würzen • kleben • schimmeln |

5 Bilde aus diesen Wörtern Adjektive (Wiewörter) mit der Endung **-ig**. Unterstreiche den Wortstamm.

  die <u>Frucht</u> – <u>frucht</u>ig, die <u>Körner</u> – …

Essig?

ESS ICK NICH!

6 Suche in der Wörterliste ab Seite 126 weitere Wörter, aus denen du Adjektive (Wiewörter) mit **-ig** bilden kannst. A B C

Frühstücksrezepte

Vollkornbrötchen
Butter • Salami
Käse • Tomate
Salat • Zwiebeln

 1 Schreibe die Arbeitsschritte auf.
Die Satzanfänge im Kreisel können dir helfen.

| Zuerst ~~belegt~~ man das Vollkornbrötchen … | bestreicht |

(zuerst • nun • danach • nachdem • dann • zulezt)

Du kannst die Arbeitsschritte auch so aufschreiben:

| 1. Vollkornbrötchen mit Butter ~~belegen~~. | bestreichen |
| 2. … | |

Aprikosen, Pflaumen   Apfel

Haselnüsse, Getreideflocken

Milch

schneiden • schälen • geben
gießen • mischen • rühren

 2 Schreibe das Müsli-Rezept
so auf, dass du es
überarbeiten kannst.

Schreibe 6 Wörter
in Geheimschrift.
a e i o u ä ö ü
● ✳ ☐ ⊖ ▽ ● ⊖ ▽
Beispiel: H⊖n☐g = Honig

3 Sucht in Kochbüchern
und Zeitschriften
andere Frühstücksrezepte.

die Apfelsine ▲
das Brötchen ▲■
die Butter ▲●
das Frühstück ▲●✳
der Honig ▲
bekommen ▲●■
milchig ▲■
salzig ▲■

La colazione: Das Frühstück

1 In welchem Land wird diese Sprache gesprochen? Spielt die Szene.

2 Welche Wörter klingen ähnlich wie im Deutschen?

3 Findet heraus, wie man in anderen Ländern frühstückt.
  - www.wie-fruehstueckt-die-welt.de
  - www.blinde-kuh.de/sprachen

4 Sammelt Frühstücks-Wörter in anderen Sprachen. Welche Wörter sind ähnlich?

Deutsch	Englisch	Türkisch	Italienisch	✶✶✶
Brot	bread	ekmek	pane	✶✶✶
Tomate	tomato	domates	pomodoro	✶✶✶
Butter	✶✶✶	✶✶✶	✶✶✶	✶✶✶
✶✶✶	✶✶✶	✶✶✶	✶✶✶	✶✶✶

Küchengespräch

Die Suppenkelle sagt: „Ich schöpfe
und guck den Leuten in die Töpfe."
Die Gabel stöhnt: „Mein Lebenslauf,
mir lädt man jede Menge auf."
Das Küchenmesser seufzt: „Ich leide
an Stumpfheit, weil ich dauernd schneide."
Der Löffel denkt: „In meinem Leben
geht mir doch manchmal was daneben.
So ist das eben."

Regina Schwarz

1 Lest das Gedicht und besprecht,
warum es euch gefällt oder nicht gefällt.

2 Ergänzt euer Plakat mit weiteren Einfällen.

Ideen für Küchengespräche

Quirl
– dreht sich
– wird schwindelig

Kochlöffel
– aus Holz
– verbrennt

Küchenmesser
– rostet

Teekanne
– warmer Tee
– fühlt sich wohl

Texte aus der 3a

Der Teller stöhnt: Ich bin so voll mit Gemüse, das ist viel zu gesund.

Der Salzstreuer streut und streut. Er denkt: Immer Leerer werd ich heut.

Der Mixer spricht: Ich mix und mix, das bringt doch nix.

Der Löffel schreit: Hilfe, ich verklebe schon wieder mit Quark.

3 Welchen Text findest du gelungen? Warum?

4 Entwirf selbst ein Küchengespräch. Es muss sich nicht reimen.

Essen und trinken

> **Weißt du noch?**
> **Verben** (Tuwörter) gibt es in der **Grundform** und in der **Personalform**.
> kochen   ich koch e

ich		e
du		st
er	ess	t
wir		en
ihr	trink	t
sie		en

1 Bilde von den Verben (Tuwörtern) **essen** und **trinken** die Formen mit **ich, du, er, wir, ihr** und **sie**. Unterstreiche die Wortstämme.

ich <u>ess</u>e, du <u>iss</u>t, er ...

*Achtung: Manchmal verändert sich der **Wortstamm**!*

iss

2 Sammle weitere Wörter, bei denen sich der Wortstamm verändert.

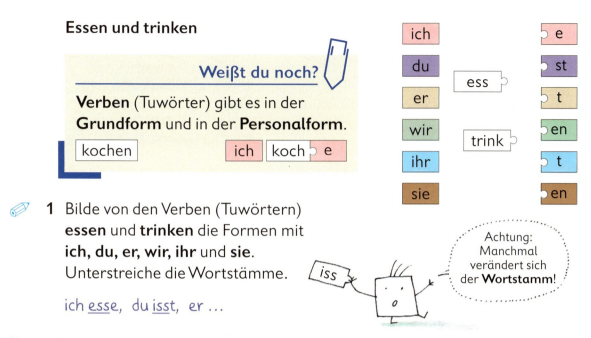

Momo ist krank.| Sie muss | im Bett liegen.|
Zum Frühstück | trinkt sie zuerst |
Apfelsinensaft.| Sie ist hungrig.|
Für das Brötchen | kann sie sich |
Marmelade oder Honig | aussuchen.|
Vorsichtig | trinkt sie | aus der Tasse |
die heiße Milch.| Dann schläft sie weiter.|

Am Nachmittag | bekommt sie |
Besuch von Sita.| Sie bringt ihr | einen Brief |
von der Klasse.| Momo freut sich |
und bedankt sich | für die Post.

die Marmelade	▲
der Quirl	▲ ✦
die Tasse	▲●■
der Zahn	▲■✦
danken	▲■
zerbrechen	▲■
hungrig	▲■
krank	▲■
vorsichtig	▲■✦

Übungsseiten

1
Gestalte mit Schrift einen Eisbecher nach deinem Geschmack. Du kannst auch am Computer arbeiten.

Mit Schrift gestalten

Schokolade • Vanille
Erdbeer • Zitrone
Nuss • Stracciatella
Jogurt • Pistazie

2
Schreibe die Reimwörter auf. Markiere **nk**.

trinken, winken, …

Reimen

trinken	danken	Bank	lenken	Enkel
w✶	w✶	Schr✶	sch✶	Sch✶
st✶	t✶	kr✶	verr✶	H✶
s✶	sich z✶	bl✶	d✶	Schnürs✶

3
Ordne zu.

das fruchtige Eis, …

fruchtig • saftig • mehlig
milchig • salzig • fettig
knusprig • würzig

die Kartoffeln • das Glas
die Suppe • die Apfelsine
die Pommes frites • das Eis
der Hering • das Brötchen

Ich bekomme, du bekommst

ich			e
du	bekomm		st
er	zerbrech	zerbrich	t
wir			en
ihr			t
sie	sprech	sprich	en

Kochlöffel • Spülmaschine
Trinkbecher • Schöpfkelle
Bratpfanne • Scheuerlappen

der Pfannkuchen
die Salzstangen
die Schokolade
das Bonbon • die Apfelsine
das Butterbrot • die Suppe

essen
lutschen • knabbern
futtern • kauen
beißen • naschen
verspeisen • schlürfen

Silben zum Kauen und Lutschen

Banine   Rosine
und Banene   und Rosene
und Banane   und Rosane
und Banone   und Rosone

Jürgen Spohn

✏ **1**
Schreibe von jedem Verb (Tuwort) die Formen mit **ich, du, er, wir, ihr** und **sie**. Übermale die Endungen.

ich bekomme, du …

✏ **2**
Wie heißen die Verben (Tuwörter) und die Nomen (Namenwörter)?

kochen – Löffel, …

✏ **3**
Schreibe witzige Sätze.

Ich koche Löffel.

✏ **4**
Welche Wörter passen zusammen? Schreibe einige Sätze.

Am liebsten nasche ich …

✏ **5**
Versuch es einmal mit **Praline** und **Melone**.

Können wir Freunde sein?

1 Wählt ein Bild aus. Stellt es als Standbild dar. Sprecht anschließend über eure Gedanken und Gefühle.

LEICHT und **SCHWER**

Es ist leicht,
andere zu beschimpfen:
Du Quatschkopf!
Du Rindvieh!
Du Sauertopf!
Du Depp!
Du Miesepeter!
Du Idiot!
Du Nasenbär!
Du Schwein!
Da findet man
ohne langes Überlegen
schnell die passenden Worte.

Es ist schwer,
anderen etwas Nettes zu sagen:
Du
Du
Du
Du
Du
Du
Du
Du
Da findet man
trotz langem Überlegen
schwer die passenden Worte.

Manfred Mai

 1 Findest du es auch schwer, anderen etwas Nettes zu sagen? Finde Wörter, die in die zweite Strophe passen. Schreibe sie auf und verschenke sie. Die Wörter im Kasten können dir helfen.

Du Goldstück
Du Engel
Du …

Auge • Herz • Bär • Schatz • Stern • Tier
Gold • Sonne • Engel • Schein • Glück • Stück

 2 Schreibe etwas Nettes für einzelne Kinder.

> Jamila, du hast mich heute in der Pause mitspielen lassen. Da habe ich mich gefreut.

> Moritz, du hast mich so freundlich angesehen, als ich heute meine Geschichte vorgelesen habe.

3 Schreibe auch etwas Nettes für deine Mutter, deinen Vater oder …

Lucy und Linus

Ich sammle Charlie-Brown-Comics. Ich bring mal welche mit.

1 Was denkst du über die beiden?

Schreibgespräch

Die Jungen schreiben auf, was sie über die Mädchen denken.
Die Mädchen schreiben auf, was sie über die Jungen denken.

2 Führt auch ein Mädchen- und Jungen-Schreibgespräch.
Das geht so: Nehmt große Papierbögen und dicke Stifte.
Zuerst schreibt jeder seine Gedanken auf.
Dann kann man herumgehen und lesen,
was die anderen geschrieben haben.
Wer Lust hat, ergänzt das, was aufgeschrieben wurde.

BEIM SCHREIBGESPRÄCH WIRD NICHT GESPROCHEN.

3 Stellt einander eure Schreibgespräche vor.

Michel

Michel geht in die 4. Klasse. Arnold auch.
Eines Tages sieht Michel, wie einige seiner Klassenkameraden Arnold auflauern und ihn verprügeln. Michel hat nicht den Mut, der Lehrerin davon zu erzählen. Weil ihn die Jungen bedrohen, schließt er sich ihrer Bande an.

1 Was erlebt Michel wohl?
Schreibe auf, was du vermutest.

2 Du kannst das Buch in der Bücherei ausleihen und lesen.

> Zu Seite 29:
> Der große Bertram ist der beste Turner
> in seiner <u>Klase</u>. Er ist der Kopf der Bande.
> Ich verstehe nicht, weshalb er Arnold <u>quelt</u>.
> Die anderen machen mit, sogar Fanny.
> Da hört doch der <u>Schpaß</u> auf.
> Alle haben Angst vor Bertram.
> Vielleicht <u>solte</u> Arnold Karate lernen.
>   Simon

3 Berichtigt die Rechtschreibfehler mit den Wegezeichen.

Rechtschreibgespräch

Klasse schreibt man mit zwei **s**. Da hört man doch einen kurzen Selbstlaut.

Stimmt, weiß ich ja eigentlich auch. Und beim nächsten Wort denke ich einfach an **Qual**.

Nele und Franz

Seit er denken konnte, war Franz mit Nele befreundet. Auf einmal war alles anders. Ein neues Mädchen war in die Klasse gekommen, die Anne. Seitdem waren Nele und Anne fast täglich zusammen und oft war Franz weggeschickt worden oder Nele hatte nicht zu ihm kommen wollen. Franz begann die Anne zu hassen …

Er ging mit seinem Kummer zu Onkel Herbert. Der sagte:

„Vor einem halben Jahr saß ich im Garten und hörte auf einmal, dass Nele bitterlich weinte. Ich rief sie herbei. Was meinst du, warum sie so heulte? Weil du immer mit deinen Freunden Fußball gespielt hast und sie nicht mitmachen durfte. Ihr habt immer gesagt, das wäre nichts für Mädchen."

Ingrid Gullatz

 1 a) Weshalb wurde Franz auf einmal weggeschickt?

b) Was hörte Onkel Herbert im Garten?

c) Weshalb war Nele unglücklich?

Franz schreibt Nele einen Brief. Er lädt sie zu seinem Geburtstag ein.

2 Welche Anrede könnte Franz wählen?

3 Schreibe einen Brief, wie Franz ihn an Nele schreiben könnte.

4 Vergleicht die Schlusssätze mit denen in euren eigenen Briefen.

> Hoffentlich ist wieder alles in Ordnung.
>
> Bitte, lass von dir hören.   Vergiss nicht mir zu schreiben.
>
> Ich schicke dir sieben Grüße, einen für jeden Tag.

5 Legt eine Sammlung mit Brief-Schlusssätzen an.

Bis morgen!

Der Briefumschlag

 1 Überprüfe, ob Franz an alles gedacht hat:

Vorname	Familienname
Straße	Hausnummer
Postleitzahl	Wohnort

 2 Schreibe einige Adressen von Freundinnen oder Freunden auf.

3 Ein Briefumschlag kann ein kleines Geschenk sein. Falte und klebe ihn aus farbigem Papier. Oder bemale und beklebe einen fertigen Umschlag.

der Geburtstag ▲■
die Mitte ▲●
das Quiz ▲✺
der Spaß ▲■✺
die Wut ▲■
anfangen ▲■
sich ärgern ▲■
quatschen ▲■✺
quengeln ▲✺
verstehen ▲■✺
sich vertragen ▲■✺
vorschlagen ▲■✺
langsam ▲■
gern ▲
jeder ▲
nämlich ▲
quer ▲✺

 Franz | ärgert sich | und quengelt. |
Ausgerechnet | an seinem | Geburtstag |
regnet es. | Er wollte | so gern |
draußen spielen. | Mama | tröstet ihn: |
Ich verstehe | dich ja. |
Aber ihr werdet | auch drinnen | Spaß haben. |
Wir decken | jetzt | den Tisch. |
In die Mitte | kommt | der Geburtstagskuchen. |

 Franz holt | das neue Quiz-Spiel. | Langsam |
ändert sich | seine Laune. | Ob Nele kommt?

Finde lange Wörter mit 9 oder mehr Buchstaben.

Übungsseiten

1
Finde Wörter zu den Wortfamilien **Frieden** und **Liebe**. Unterstreiche den Wortstamm.

Frieden und Liebe

Wortfamilie Frieden

Unzufriedenheit, …

Wortfamilie Liebe

liebevoll, …

Streit und Versöhnung

Diese Wörter passen zu Streit:

Ärger • rangeln • zanken • wild • schlagen • drohen • fangen • Wut • drängeln • Angst • kränken

Diese Wörter passen zu Versöhnung:

Frieden • freundlich • streicheln • trösten • umarmen • Geschenk • Freund • sich vertragen • sich einigen

2
Suche die Wörter mit **ng** oder **nk** heraus. Übermale **ng** und **nk** mit verschiedenen Farben.

rangeln, …

3
Verändere die Wörter so, dass du hören kannst, ob du **ng** oder **nk** schreiben musst.

das Ding – die Dinge
sie fängt – fangen

das Di✶
sie fä✶t
der Schra✶
das Gesche✶

sie de✶t
sie wi✶t
er hä✶t
er spri✶t

die Ba✶
es geli✶t
sie da✶t
er le✶t

4
Bilde Wörter mit **Trag/trag**.

vertragen, …

5
Suche noch weitere Wörter mit **ver-** oder **vor.** ABC

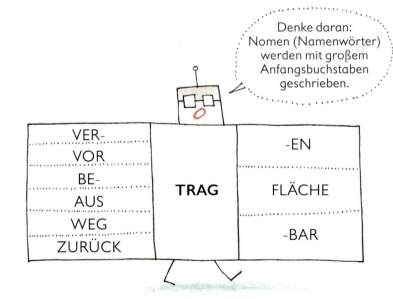

Denke daran:
Nomen (Namenwörter) werden mit großem Anfangsbuchstaben geschrieben.

VER-
VOR
BE-
AUS
WEG
ZURÜCK

TRAG

-EN
FLÄCHE
-BAR

Auch eine Freundschaft

1 Immer kommt das Q
2 zusammen mit dem u,
3 denn Q und u, die beiden,
4 können sich gut leiden.
5 Sie treffen auf ein alle,
6 schon werden sie zur _____ .
7 Sie treffen eine alte Mark,
8 das M geht weg, jetzt heißt es _____ .
9 Da stehen i und z herum
10 und sehn sich nach den beiden um.
11 Ihr kommt gerade recht.
12 Ein _____ zu werden
13 ist nicht schlecht.

Regina Schwarz, verändert

Quiz   Quark   Qualle

1

Schreibe die Zeilen 5 bis 13 ab. Ergänze die fehlenden Wörter.

Sie treffen auf …

A B C D E F G H I J K L M N O P Q R S T U V W X Y Z

Auto • Aal • Ampel
albern • Abenteuer • Ast
Angst • acht • Akrobat
Afrika • Ahorn
Arbeit • Aquarium

Ich schreibe mir die Wörter auf Karten. Die sortiere ich dann.

Aal   Abenteuer

2

Ordne nach dem 2. Buchstaben.

Aal, Abenteuer, …

Kontrolliere mit dem Wörterbuch.

EIL-
DANKES-
LIEBES-
ABSCHIEDS-
LESER
STECK-

Ein …brief ist kein Brief.

PAPIER
UMSCHLAG
FREUND
TRÄGER
KASTEN
MARKE

3

Bilde zusammengesetzte Nomen (Namenwörter) mit **BRIEF**.

Eilbrief, …

45

Im Winter

1 Wer auf dem Bild freut sich wohl über den Winter?

Schnee: mal so – mal so

Aus einem Gedicht:
Meistens ist der Schnee sechseckig.
Schnee hat Ecken und Zacken und Strahlen und Striche
und Stäbchen und Säulchen und Blättchen und Plättchen
und Körner und Flügel
und Sterne und Pyramiden.

Schnee ist flach und dünn
und dick und rund
und hoch wie ein Berg
wie zwei Berge.

Schnee ist schön.

Elisatbeth Borchers

kar
la neve
la neige
der Schnee
śnieg
de Sneeuw
la nieve
the snow

1 Wie wird der Schneekristall beschrieben?
Achte auf die Wortarten im 1. und im 2. Teil.

Aus einem Sachtext:
Der Schneekristall ist der Anfang einer Schneeflocke.
Jeder Schneekristall sieht anders aus.
Seine Grundform ist immer ein Sechseck.
Diese Schneekristalle hier sind vergrößert.
In Wirklichkeit sind sie von einer Spitze zur
anderen 3 mm lang. Eine einzelne Schnee-
flocke ist durchsichtig wie ein Eiszapfen.
Millionen von Flocken lassen
den Schnee für unser Auge weiß erscheinen.

2 Was erfährst du aus dem Sachtext?

3 Vergleicht Gedicht und Sachtext. Sammelt Unterschiede.

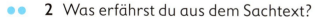

Gedicht	Sachtext
– spricht vom Schnee	– spricht vom Schneekristall
– zählt viele Nomen auf	– sagt, was ein Schneekristall ist

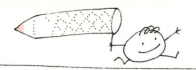

Schreibideen sammeln

• 1 Sammelt eigene Einfälle.
   Oder: Wählt Einfälle aus und schreibt einen kleinen Text.

•• 2 Beschreibe die Bilder, die in deinem Kopf entstehen, wenn du liest, was Momo, Simon, Elena und Tom geschrieben haben.

D 3 Die Kinder haben Wie-Vergleiche verwendet.
   Wenn du deinen Text überarbeiten möchtest, kannst du versuchen auch einen Wie-Vergleich zu verwenden.

Texte überarbeiten

Über Nacht hat es geschneit. Ich freue mich, denn nun kann ich einen Schneemann bauen. <u>Mama</u> findet den Schneemann auch schön, aber <u>Mama</u> ist nicht so froh wie ich, weil <u>Mama</u> mit dem Auto fahren möchte. <u>Papa</u> zieht sich schnell an, denn <u>Papa</u> will noch den Schnee vom Gehweg kehren. Mein <u>Kätzchen</u> schnurrt leise. Das <u>Kätzchen</u> liegt vor der Heizung. Wahrscheinlich freut sich das <u>Kätzchen</u>, weil das <u>Kätzchen</u> in der Wärme ist.

                        Naomi

1 In Naomis Text wiederholen sich die Nomen (Namenwörter) **Mama**, **Papa** und **Kätzchen**. Setze **er**, **sie** oder **es** sinnvoll ein.

> *Er, sie, es* können Nomen (Namenwörter) ersetzen.
> Diese Wörter heißen **Personalpronomen** (persönliche Fürwörter).
> Auch *ich, du, wir, ihr, sie* sind Personalpronomen.
>
> **Der Schnee** *fällt.*   **Er** *fällt.*
> **Die Autos** *fahren langsam.*   **Sie** *fahren langsam.*

Winterfreude – Winterleid

Gleiten, stapfen, rutschen, schlittern, backen, naschen, frieren, zittern.

ich	gleit	schlitter	e
du		back	(e)st
er, sie, es		rutsch	(e)t
wir	nasch	frier	(e)n
ihr		stapf	(e)t
sie		zitter	(e)n

Weihnachten ▲■☼
sich bewegen ▲■
frieren ▲■
schlafen ▲■
sich verstecken ▲●☼
sich vorstellen ▲●☼

2 Sprich den Reim und setze dabei **ich** vor die Verben (Tuwörter).

3 Schreibe den Reim mit **du**, **er**, **sie**, **wir** oder **ihr**.

Du gleitest, du …

Sich und andere informieren

Pinguine können sehr schnell schwimmen, bis zu 36 km in der Stunde. Gegen die Kälte schützt sie eine dicke Fettschicht.
Momo

Pinguine sind Vögel, die nicht fliegen können.
Lisa

Die meisten Pinguine leben am Südpol. Es gibt kleine Felsenpinguine und große Kaiserpinguine.

Der Kaiserpinguin wird 120 cm groß und kann bis zu 40 kg wiegen. Bei den Kaiserpinguinen brüten auch die Männchen die Eier aus.
Simon

Imo: „Momos Text ist **länger** als der Text von Lisa."
Ali: „Simons Text ist **am längsten**."
Tom: „Lisas Text ist zwar nicht so **lang** wie die anderen, aber trotzdem interessant."

1 Betrachtet die blau gedruckten Adjektive (Wiewörter). Was stellt ihr fest?

Die meisten **Adjektive** (Wiewörter) kann man steigern:		
lang	länger	am längsten
Grundform	Vergleichsstufe	Höchststufe

kalt
warm
groß
klein
dick
dünn

2 Steigere die Adjektive (Wiewörter) aus dem Linienkasten.

Pinguine schwimmen

kleiner als die Männchen.

Kaiserpinguine sind

so schnell wie Delfine.

Die Weibchen sind meist

größer als Felsenpinguine

Kaiserpinguine

1 Schreibe sinnvolle Sätze. Unterstreiche die Vergleiche.

Pinguine schwimmen <u>so schnell wie</u> Delfine.

> Mit Adjektiven (Wiewörtern) und **Vergleichswörtern** kann man etwas **vergleichen**:
>
> *Pinguine schwimmen **so** schnell **wie** Delfine.*
> *Kaiserpinguine sind größer **als** Felsenpinguine.*

Felsenpinguine

Adjektive (Wiewörter) kannst du mit dem **3. Wegezeichen** ab jetzt so üben: **Steigere** das Adjektiv.

dünn, dünner, am dünnsten

Momo und Simon | freuen sich | über den Schnee. |
Sie fahren Ski | und bauen | einen Schneemann. |
Still und ruhig | liegt der Schnee |
auf den leeren Feldern. | Alles sieht | anders aus. |
Sita will | Eis laufen. | Doch das Eis |
ist noch zu dünn. | Am Südpol | gibt es immer Eis. |

Dort leben | die Pinguine. |
Du kannst sie auch | im Zoo besuchen.

der Pinguin ▲■
der Schnee ▲■✹
der Ski ▲■✹
der Südpol ▲■
der Zoo ▲■✹
dünn ▲●■
eisig ▲■
leer ▲■✹
ruhig ▲■✹
still ▲●■
anders ▲
sechs ▲✹

Übungsseiten

1 Verwende die Adjektive (Wiewörter) mit einem Nomen (Namenwort).

der eisige Wind, …

2 Schreibe einige Sätze mit den Wörtern aus Aufgabe 1.

Wie ist es im Winter?

Aber: Ein freundli**cher** Tag.

eisig • frostig • ruhig
sonnig • rutschig
pulverig • wolkig

Nacht • Himmel
Wind • See
Weg • Tag • Schnee

3 Ergänze die fehlenden Formen.

Grundform	Vergleichsstufe	Höchststufe
✶✶✶	dicker	✶✶✶
lustig	✶✶✶	✶✶✶
✶✶✶	lauter	✶✶✶
✶✶✶	✶✶✶	am besten
✶✶✶	höher	✶✶✶

4 Vergleiche die Größe der Tiere.

Welches Tier ist größer?

der Hund • das Eichhörnchen • der Fuchs • das Reh
der Schmetterling • der Spatz • der Elefant
der Kaiserpinguin • die Biene • die Meise • die Wespe
der Zwergpinguin • die Ameise

Der Hund ist so groß wie der Fuchs.

Der Elefant ist am …

Das Reh ist kleiner als …

Zusammengesetzte Adjektive

| Nomen | + | Adjektiv | ⟶ | zusammengesetztes Adjektiv |

Schnee   weiß   schneeweiß

Welche Tiere sind gemeint?

Er bekommt im Winter ein weißes Fell.
Im Herbst sammelt **es** Wintervorräte.
Sie fliegen im Herbst in den Süden.
Im Winter liegt **er** starr im Teich.
Für den Winter sucht **er** sich eine Höhle.
Er hat Flügel, kann aber nicht fliegen.

der Pinguin • der Braunbär
das Eichhörnchen
der Frosch • die Schwalben
der Schneehase

Wörter-Rätsel

Mit **Schn** am Anfang ist er weiß,
mit **T** am Anfang ist er heiß,
mit **F** am Anfang bringt sie Glück,
vom **Kl** brauchst du die Blätter –
insgesamt vier Stück.

1
Bilde zusammengesetzte Adjektive (Wiewörter).

schneeweiß, …

2
Finde zu den Adjektiven (Wiewörtern) aus Aufgabe 1 passende Nomen (Namenwörter).

der schneeweiße Hase, …

3
Ersetze die Personalpronomen durch passende Nomen (Namenwörter).

Der Schneehase bekommt …

4
Schreibe die Wörter mit **ee** heraus.

der Schnee, …

5
Finde in der Wörterliste ab Seite 126 noch 4 weitere Wörter mit **ee**. A B C

Wünschen und träumen

•• 1 Wovon träumst du manchmal? Was wünschst du dir?

•• 2 Gut zugehört? Erzähle, wovon deine Partnerin/dein Partner träumt oder was sie/er sich wünscht.

Ich wäre gern mal …

ein Baum   ein Riese   ein Schmetterling
ein Drache   ein Zwerg
ein Vogel   eine Löwin   eine Fee
   …

1 Was würdest du tun, wenn du verwandelt wärst?
Schreibe einige Sätze.

Wenn ich ein Zwerg wäre, würde ich …

Na, du Zwerg.

…

2 Wähle eine Partnerin/einen Partner
(einen Vogel, eine Löwin, …).
Spielt ein kleines Gespräch.

3 Schreibe einige Sätze auf,
die im Spiel gesagt wurden.

Der Riese sagt:
„Ich habe heute noch nichts gegessen."

Was wir sprechen, heißt **wörtliche Rede**.
In Texten steht die wörtliche Rede in **Redezeichen**.
Der **Begleitsatz** zeigt, wer spricht.

Der Riese sagt: „Ich habe heute noch nichts gegessen."
Begleitsatz   wörtliche Rede

Nach dem Begleitsatz steht ein **Doppelpunkt**.

Die Löwin **sagt**:   Ich verwandle dich in eine Maus.
Der Drache **sagt**:   Niemand kommt mir zu nahe!
Die Fee **sagt**:   Ich bin zwar klein, aber stark.
Der Zwerg **sagt**:   Hüte dich vor meinem Feuer.

sagen
flüstern
fauchen
drohen
brüllen

4 Ordne zu und schreibe die Sätze mit den Zeichen der wörtlichen Rede.
Verwende statt **sagt** ein anderes Verb (Tuwort).
Markiere die Satzteile farbig.

Die Löwin brüllt: „Niemand kommt mir zu nahe!"

Wir spielen: Der Riese und der Schmetterling

Der Riese langweilt sich fürchterlich. Er hat zum dritten Mal seine Höhle gefegt. Er hat das Frühstücksgeschirr gespült und sich rasiert. Auf einmal kitzelt ihn etwas an der Nase.

Der Fänger ist hinter mir her! Du musst mir helfen!

1 Was wird der Riese vorschlagen?

> Der Riese könnte sagen:
> „Ich verstecke dich unter meinem Hut."
> „Ich drohe dem Fänger."

2 Schreibe ein Gespräch zwischen dem Riesen und dem Schmetterling oder dem Riesen und dem Fänger. Gib durch ein passendes Verb (Tuwort) an, wie gesprochen wird. Markiere die Satzteile farbig.

Der Schmetterling seufzt: „ … "

sprechen
seufzen • jammern
bitten • wispern
flehen • rufen
stottern • betteln
schreien • drohen
poltern • brummen

3 Spielt die Szene, die ihr euch ausgedacht habt.

Dem Riesen ist **langweilig**. Hattest du schon einmal **Langeweile**?
Der Schmetterling ist **ängstlich**. Was tut er gegen die **Angst**?

> *Die Langeweile, die Angst, die Gefahr, der Traum, der Wunsch, das Glück* sind **Nomen** (Namenwörter). Sie haben oft einen **Artikel** (Begleiter) und werden mit großem Anfangsbuchstaben geschrieben.

4 Ordne zu.

lieben – die Liebe

lieben • gefährlich	die Angst • die Liebe
ängstlich • glücklich	das Glück • die Gefahr
wünschen • helfen	die Hilfe • der Wunsch

Sophiechen und der Riese

In der Geschichte erzählt Roald Dahl von dem Mädchen Sophie und dem freundlichen Riesen GuRie. GuRie ist ein Traum-Riese. Er pustet schöne Träume in die Zimmer, in denen Kinder schlafen. Außerdem fängt er Träume in einem Netz. Die bewahrt er in Gläsern auf.

GuRie gibt den Träumen Namen, z. B. **dunkler Schattenschlummer**.

1 Erfinde selbst solche Traum-Namen.

hell	Schatten	Traum
dunkel	Mond	Schlummer
grausig	Wasser	Tanz
zart	Stern	Flug
golden	Schlummer	Lied
sanft	Hexen	Spruch

2 Erzähle zu einem der Traum-Namen eine Geschichte.

Aus Verben oder Adjektiven werden Nomen

tanzen • fliegen • windig • feuern • golden
blitzen • schläfrig • sonnig • schattig
donnern • langweilig • kalt • warm • spielen

die Fee ▲ ✶
die Gefahr ▲ ■ ✶
das Gold ▲ ■
der Riese ▲ ■
der Traum ▲ ■
der Wunsch ▲ ■
der Zwerg ▲ ■
vergessen ▲ ● ✶
langweilig ▲ ■

3 Bilde Nomen (Namenwörter) aus den Verben (Tuwörtern) und den Adjektiven (Wiewörtern).

tanzen – der Tanz, fliegen – der …

Zieht 3 Karten. Erzählt eine Geschichte, in der die Wörter vorkommen.

Lesetagebuch schreiben

Aus Momos Lesetagebuch:

11. Januar
Ich habe heute die Stelle vorgelesen, bei der Sophiechen die Zettel auf den Traumgläsern liest. Das war schwer. GuRie macht viele Fehler. Seine Sprache ist so komisch. Er sagt Dinge wie: BIZZELNDES BLUBBERWASSER.

Simon ist ein Comic-Fan.

14. Januar
Meine Lieblingsfigur ist Charlie Brown. Er wird immer mit dem Vor- und Nachnamen angeredet. Eigentlich ist er ein Verlierer. Immer zeigt er den anderen Kindern seine Schwachpunkte.
Er träumt davon, das rothaarige Mädchen als Freundin zu haben.

- **1** Vergleicht die beiden Lesetagebuch-Texte miteinander. Was war Momo wichtig? Was war Simon wichtig?
- **2** Was könnte man noch in ein Lesetagebuch schreiben? Sammelt eure Ideen.
- **3** Was hast du gelesen? Schreibe darüber.
- **4** Du kannst auch ein Lesetagebuch anlegen.

Lesetagebuch
– schöne Sätze abschreiben
– eigene Gedanken zum Buch
– Lieblingsperson beschreiben
– …

Wenn Riesen schreiben …

GuRie schreibt gern. Er wünscht sich sehr, richtig schreiben zu können.
Aber leider gelingt es nicht immer.

> MEINE ELTERE SCHWESTER
> KOMT IMER REIN, WENN ICH
> AN DER WANT UND AN DER
> DEKE LAUFE …

1 Welche Wörter sind nicht richtig geschrieben?

2 Suche 2 falsch geschriebene Wörter heraus und gib GuRie Hinweise.

ELTERE schreibst du so: ältere. Das kommt von alt.

Langer oder kurzer Selbstlaut?

sie läuft • Hände • träumen • Bäume
Gläser • er schläft • täglich • Wände

Verwandtes Wort finden, verlängern oder Mehrzahl bilden.

3 Suche verwandte Nomen (Namenwörter). Was passiert mit dem Selbstlaut?

sie läuft – der Lauf, Hände – die …

Momo ruft: | „Es kann losgehen!" |
Simon ist mit Hut | und Decke | als Riese | verkleidet. |
Er fragt: | „Wie soll ich | Lisas Traum fangen? |
Hat jemand | eine Idee?" | Lisa sagt: | „Mir ist |
etwas eingefallen. | Du kitzelst | mich wach |
und fragst, | ob du meinen Traum | haben kannst." |
Momo meint: | „Das ist doch langweilig." |

Sie schlägt vor: | „Lisa ist in Gefahr. |
Du nimmst sie mit." |
Simon fragt: | „Und was ist | mit dem Traum?"

die Decke	▲ ● ■
die Idee	▲ ✦
einfallen	▲ ● ■
erreichen	▲ ■
kitzeln	▲ ● ■
losgehen	▲ ■ ✦
richtig	▲ ■
verkehrt	▲ ✦
herum	▲

Übungsseiten

1
Setze die Wörter in das Gedicht ein.

Traumbuch

Ich wollte schon immer ein _____ sein.
Gestern im _____ bin ich einer gewesen.
Ich saß im höchsten _____
und habe – was sonst? – ein _____ gelesen.

Inge Meyer-Dietrich, gekürzt

2
Bilde Wörter mit dem Wortstamm **TRAUM/TRÄUM**.
Achte auf die Großschreibung der Nomen (Namenwörter).

der Wunschtraum,
…

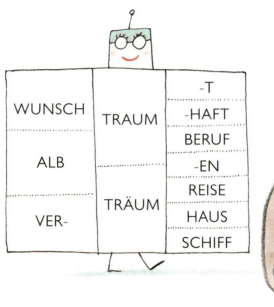

3
Bilde die Mehrzahl und trage die Wörter in eine Tabelle ein.

das Glas • das Haus • die Laus • der Raum • der Bach
der Brauch • der Zaun • das Land • der Apfel
der Traum • der Ball • das Band • das Kraut • das Dach
der Ast • die Faust • das Blatt • der Strauch

a wird zu ä	au wird zu äu
das Glas – die Gläser	das Haus – die Häuser
✶✶✶	✶✶✶

Wünsche

- Ich wünsche mir eine Katze.
- Ein neuer Fußball wäre toll.
- Ich möchte meine Oma in Italien besuchen.
- Ich möchte nicht so früh ins Bett.

1
Schreibe auf, wer was sagt. Denk an die Zeichen der wörtlichen Rede.

Momo sagt: „Ich ... ."

2
Markiere deine Sätze aus Aufgabe 1 so:

Momo sagt: „Ich ... ."

Traum oder Wirklichkeit?

Manchmal kann Momo Traum und Wirklichkeit nicht auseinander halten. Einmal hat sie im Traum eine besonders schöne Geschichte als Hausaufgabe geschrieben. Als sie die Geschichte in der Schule vorlesen wollte, stand sie nicht in ihrem Heft. Einmal hat sie ganz deutlich einen riesigen Elefanten im Garten gesehen.

3
Schreibe aus dem Text alle Nomen (Namenwörter) mit Artikel (Begleiter) heraus. Trenne die mehrsilbigen Wörter.

der Traum,
die Wirk-lich-...

Als ich des Nachts aus dem Fenster
sah ich ihn, wie er im Garten
und die noch unreifen Birnen
grau und riesig, ein

Frantz Wittkamp

stand
schaute,
Elefant.
kaute,

4
Ordne die Reimwörter zu.

5
Zeichne zum Gedicht.

Berufe

1 Welche Berufe üben wohl die Menschen auf den Fotos aus?

2 Was weißt du über die Berufe deiner Eltern?

Wer tut was?

Wer schreibt ein Buch?
Wer schreibt eine Speisekarte?
Wer unterschreibt einen Vertrag?
Wer verschreibt ein Medikament?
Wer liest den neuen Fahrplan?
Wer spricht seinen Text?

der Fußballspieler   die Ärztin
die Schriftstellerin
der Schauspieler   der Koch
die Busfahrerin

1 Beantworte die Fragen.

<u>Die Schriftstellerin</u> schreibt ein Buch.

2 Unterstreiche, **wer** etwas tut.

3 Finde noch mehr Berufe, in denen viel gelesen und geschrieben wird.

> In fast jedem Satz gibt es ein Satzglied, das sagt, **wer (oder was)** etwas tut. Dieses Satzglied heißt **Subjekt** (Satzgegenstand).
>
> *Wer* schreibt ein Buch?   **Die Schriftstellerin** schreibt ein Buch.
> **Subjekt** (Satzgegenstand)
>
> *Was* steht auf dem Tisch?   **Der Computer** steht auf dem Tisch.
> **Subjekt** (Satzgegenstand)

Wer tut was gern?

<u>Sita</u> tanzt gern.
<u>Tim</u> guckt gern Autorennen.
<u>Imo</u> spielt gern Fußball.

I like to dance.

Ich nicht.

4 Wie ist es bei euch?
Wer tut was gern?

5 Gut zugehört? Schreibe auf, wer was gern tut.
Unterstreiche das Subjekt (den Satzgegenstand).

6 Was möchtet ihr einmal werden?
Schreibt oder malt zu euren Wunsch-Berufen.

Hast du schon darüber nachgedacht, woher die Bücher kommen?

Wer ein Buch schreiben will, muss zuerst einmal eine Idee haben. Wenn das Buch eine Geschichte erzählen soll, müssen Figuren ausgedacht werden. Wenn es ein Sachbuch werden soll, sammelt man zuerst Wissen.

Menschen, die Bücher schreiben, nennt man **Schriftstellerin/Schriftsteller** oder **Autorin/Autor**.

Im Verlag arbeiten Menschen, deren Beruf es ist Bücher zu machen. Die **Lektorin/**der **Lektor** bearbeitet die Texte.

Die **Illustratorin/**der **Illustrator** zeichnet oder malt die Bilder.

Die **Druckerin/**der **Drucker** druckt das Buch auf große Papierbögen.

Die **Buchbinderin/**der **Buchbinder** stellt die Papierbögen und den Umschlag zum fertigen Buch zusammen.

Eine **Buchhändlerin/**ein **Buchhändler** verkauft dir das Buch.

1 Beantworte die Fragen:

a) Wie nennt man Menschen, die Bücher schreiben?
b) Wo arbeiten Menschen, die Bücher herstellen?
c) Welche Aufgaben hat die Illustratorin/der Illustrator?
d) Welchen Beruf haben Menschen, die Bücher verkaufen?

Für die *Sprachreise* hat die Illustratorin Christa Unzner viele Bilder gezeichnet. Frau Unzner hat vorgeschlagen, wie Momo und Simon und die anderen Kinder der *Sprachreise* aussehen.

Der Erfinder der Strichfiguren ist Harald Larisch. Manchmal dürfen seine Figuren etwas vorsagen. Außerdem können sie etwas vorlesen oder vorführen, sich etwas vorstellen, sich verstecken, sich verkleiden …

1 Suche aus dem Text alle Verben (Tuwörter) heraus, die mit **ver-** oder **vor** beginnen. Schreibe sie in der Grundform auf.

   vorschlagen, …

2 Bilde weitere Wörter mit **ver-** und **vor**.

   verschreiben, …

> **ver-** ist immer eine **Vorsilbe**.
> *Sie **ver**spätet sich.*
>
> **vor** ist ein selbstständiges Wort.
> *Er wartet **vor** dem Bahnhof.*
> *Ich lese den Brief **vor**.*

3 Lest einander den Brief vor. Betont dabei die Anrede.

> Sehr geehrte Frau Schneider,
>
> haben Sie viele wissbegierige Kinder in Ihrer Klasse? Dann möchten wir Ihnen ein neues Lexikon vorstellen. Auf 1 200 Kinderfragen gibt das Lexikon Antworten.
>
> Wenn Sie das Lexikon kennen lernen möchten, schicken wir es Ihnen gern zu.

4 Schreibe aus dem Brief zwei Sätze heraus, in denen eine Anrede vorkommt.

5 Unterstreiche das Anredewort.

> Die Anrede **Sie (Ihr, Ihnen)** wird mit großem Anfangsbuchstaben geschrieben.

Texte überarbeiten

> Überrascht
>
> „Ich bin dein Klammern satt",
> erklärt ~~ein~~ das ~~weißes~~ Blatt
> und reißt sich los.
> Die Klammer, fassungslos,
> meint daraufhin ~~zu dem~~ zum Blatt ~~Papier~~:
> „Ich dachte immer, du hängst ~~gern hier~~ an mir!"

Regina Schwarz ist Autorin.
Sie schreibt Gedichte.
Bevor ein Gedicht fertig ist,
überarbeitet sie es.
Manchmal denkt sie lange
über Änderungen nach.

1 Was sagst du zu den Änderungen in der 2. und 5. Zeile?

2 Überlegt, was sich in der 6. Zeile verändert hat.

Die Kinder der 3a schreiben Gespräche
zwischen Bleistift und Spitzer.
Sie haben Schreibhinweise überlegt.

Schreibhinweise
− Das Gespräch soll kurz sein.
− Verwende treffende Wörter für „sagen".
− ...

3 Entwirf ein Gespräch
zwischen *Bleistift* und *Spitzer*.
Oder zwischen *Fußball* und *Tor*, *Schläger* und *Puck*, ...

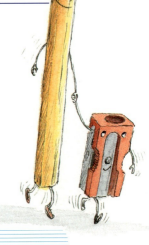

> Abgemacht
> Der Bleistift sagt zum Spitzer:
> „Spitz mich an, ich will eine Geschichte schreiben."
> „Nur, wenn ich in der Geschichte vorkomme",
> sagt der Spitzer.
> Momo

4 Momo überlegt, wie sie das Wort „sagt" durch ein anderes Wort ersetzen kann. Was denkst du?

sagen
bitten • antworten • fordern
fragen • erklären • meinen
betteln • entgegnen • murren

Schreibkonferenz

Die Kinder, die Momo ausgesucht hat, kennen Momos Text schon gut.

1. Momo liest noch einmal vor, was sie geschrieben hat.
2. Zuerst sagen die Zuhörer, was sie gut finden.
3. Wenn die Zuhörer etwas nicht verstanden haben, fragen sie nach.
4. Die Kinder überprüfen, ob Momo die Schreibhinweise beachtet hat.
5. Zum Schluss machen die Kinder Überarbeitungsvorschläge.
6. Momo nimmt die Vorschläge nur an, wenn sie überzeugt ist.

Tipp
Schau auf der Klappe hinten im Buch nach.

1 Führt mit eurer Klasse eine Schreibkonferenz durch.

Arbeitet zuerst mit der ganzen Klasse. Später könnt ihr in Gruppen arbeiten.

Ali interessiert sich | für Fußball. |
Er will später | Fußball-Reporter | werden. |
Momo fragt: | „Ist das denn | ein Beruf?" |
Imo möchte | Buchhändlerin werden. |
Dann kann sie | Bücher und Zeitungen |
verkaufen. | Sita schreibt | gern Gedichte. |
Simon fragt: | „Wirst du mal |
Schriftstellerin?" | Sita antwortet: | „Nein, |
lieber nicht. | Schreiben | will ich nur, |
wenn ich Lust | dazu habe." |

Ali lacht: | „Und wer von uns | wird Polizist? |
Schließlich muss ja | auch später |
jemand den Verkehr regeln."

der Beruf	▲■
der Bleistift	▲■✦
die Buchhändlerin	▲■
das Gedicht	▲■
der Mann	▲●■
das Papier	▲■
der Polizist	▲■
der Verkäufer	▲■✦
die Zeitung	▲■
handeln	▲■
sich interessieren	▲●■
passen	▲●■
verlegen	▲■✦
zufrieden	▲■
falsch	▲
schließlich	▲■

Übungsseiten

1
Schreibe das kleine Gedicht auf. Ergänze die Redezeichen. Markiere die wörtliche Rede.

So, so!

Vier Maurer saßen auf einem Dach.
Da sprach der erste   Ach!
Der zweite   Wie ist's möglich dann?
Der dritte   Dass das Dach halten kann!
Der vierte   Ist doch kein Träger dran!
Und mit einem Krach
brach das Dach.

Kurt Schwitters, verändert

Vier Maurer saßen auf einem Dach.
Da sprach der erste: „Ach!"

2
Wer tut es? Stelle die Satzglieder um. Setze das Subjekt (den Satzgegenstand) an den Anfang und unterstreiche es.

An einem sonnigen Tag   sitzen   vier Maurer   auf einem Dach .

Auf einer großen Kreuzung   regelt   eine Polizistin   den Verkehr .

3
Wo passt **ver-**, wo passt **vor**? Bilde Verben (Tuwörter).

verlieben, …

ver- oder **vor**?

	lieben	beugen
ver-	lassen	reisen
vor	geben	sammeln
	gehen	wählen

4
Finde weitere Wörter mit **ver-** und **vor**. A B C

Wer tut das?

■ berät einen Kunden.
■ regelt den Verkehr.
■ verkauft Bücher.
■ unterrichtet.

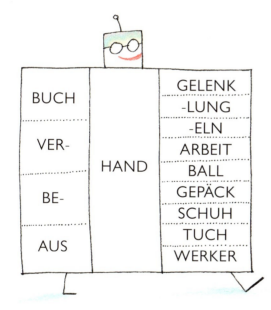

sei Mensch, ein ganzer, wahrer.

Was du auch seist – im Hauptberuf

Schüler, Chefarzt, Fahrer?

Was ist der Mensch? Fabrikarbeiter,

Josef Guggenmos

1
Finde die passenden Berufe in der Wörterliste ab Seite 126.
Ergänze die Sätze. Unterstreiche in jedem Satz das Subjekt.

<u>Der Verkäufer</u> berät einen Kunden.
…

3
Bilde Wörter mit dem Wortstamm **HAND**. Unterstreiche den Wortstamm.

Buch<u>hand</u>lung, …

4
Schreibe die Zeilen in der richtigen Reihenfolge auf.

Mit Pferden leben

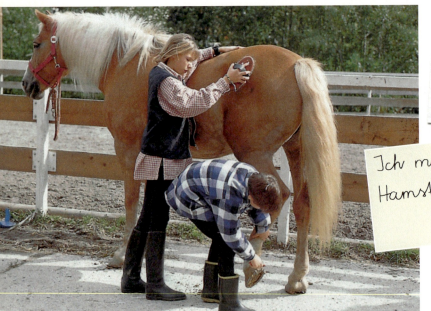

Ich möchte kein Pferd haben. Es macht viel Arbeit. Und man braucht viel Zeit.
— Elena

Ich mag Hamster lieber.
— Tom

Ich liebe Pferde, es ist schön sie zu streicheln.
— Simon

Ich hätte gern ein kleines Pony, mit dem ich rund um Deutschland reiten könnte.
— Momo

 1 Wie denkst du über Pferde?

 2 Was möchtest du über Pferde wissen?

 3 Sammelt Bilder und Texte über Pferde und stellt ein Buch zusammen.

Pferdesprache

- **1** Wie verständigen sich Kind und Pferd?
  Diese Wörter können dir helfen: *wiehern, schnauben, schnuppern*.

  Die Ohren des Pferdes sind „Sprechorgane":

wütend   wach munter   aufmerksam   feindlich   entspannt

- **2** Was „sagt" das Pferd auf den Bildern oben? Schreibe auf.

  Wenn das Pferd die Ohren ganz weit zurücklegt, ist es wütend.

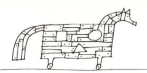

Pferde im Laufe der Zeit

Der Text berichtet über die Vergangenheit. An den Verben (Tuwörtern) kannst du es erkennen.

1 Sucht aus dem Text die Verben (Tuwörter) heraus. Ordnet sie.

Vergangenheit	Gegenwart
sie jagten	sie jagen

Die → **Höhlenbewohner** jagten Pferde wegen ihres Fleisches. Bereits vor 5000 Jahren hielten die Ägypter Pferde als Zugtiere für ihre Kriegswagen. Bis ins letzte Jahrhundert hinein war das Pferd das schnellste Transportmittel und der beste Helfer des Menschen. Pferde übernahmen in der Stadt und auf dem Land die unterschiedlichsten Aufgaben. Dann verdrängten Eisenbahn, Automobil und landwirtschaftliche Geräte schließlich die Pferde.

> Verben (Tuwörter) kommen in verschiedenen **Zeitformen** vor, z. B.
> **Präteritum** (Vergangenheit)   sie jagten   sie hielten
> und **Präsens** (Gegenwart).   sie jagen   sie halten

Die Pferde grasen auf der Weide. Der Reiter legt einem Pferd das Zaumzeug an. Er sattelt das Pferd und streichelt den Hals des Pferdes.

2 Setze die Verben (Tuwörter) ins Präteritum (in die Vergangenheit).

Die Pferde grasten …

Verben (Tuwörter) kannst du mit dem **3. Wegezeichen** ■ ab jetzt so üben:

Schreibe die **Personalform** mit **er** im **Präsens** (in der Gegenwart) und im **Präteritum** (in der Vergangenheit).

reiten, er reitet, er ritt

EINE PFERDESTÄRKE, SEHR UMWELTFREUNDLICH!

Mario hat sich im Pferdemuseum Notizen gemacht.

- Pferde ziehen die Straßenbahnen (Pferdebahnen).
- Menschen reiten auf Pferden oder reisen in der Postkutsche.
- Soldaten kämpfen auf Pferden.
- Pferde helfen Menschen bei der Arbeit.
- Sie treiben Maschinen an.
- Es gibt noch keinen Traktor. Bauern spannen Pferde vor den Pflug.

1 Schreibe die Verben (Tuwörter) aus Marios Text so auf:

Präsens (Gegenwart)	Präteritum (Vergangenheit)
sie ziehen	sie zogen
sie reiten	✦✦✦

2 Mario berichtet, was er im Museum über Pferde erfahren hat. Seinen Bericht schreibt er im **Präteritum** (in der Vergangenheit).

Vor etwa 100 Jahren gab es noch keine Autos. Pferde zogen …

die Box ▲■✦
das Pferd ▲■
festhalten ▲■
fressen ▲●■
füttern ▲●■
reiten ▲■
streicheln ▲■✦
früh ▲■✦
schlank ▲■
wütend ▲■

Bei manchen Verben (Tuwörtern) **verändert sich der Wortstamm** im Präteritum (in der Vergangenheit).

reiten, ich reite, ich ritt   sprechen, ich spreche, ich sprach

In Kinderbüchern kommen ganz unterschiedliche Pferde vor.

Pippi war ein sehr merkwürdiges Kind. (…)
Sie konnte ein ganzes Pferd hochheben, wenn sie wollte. Und das wollte sie. Sie hatte ein eigenes Pferd, das sie für eines ihrer vielen Goldstücke gekauft hatte, an demselben Tag, an dem sie heimgekommen war. Sie hatte sich immer nach einem Pferd gesehnt. Und jetzt wohnte es auf der Veranda. Aber wenn Pippi ihren Nachmittagskaffee dort trinken wollte, hob sie es ohne weiteres in den Garten hinaus.
Als Thomas und Annika sie in der Villa Kunterbunt besuchten, stand der Kleine Onkel auf der Veranda.
Da stand das Pferd und fraß Hafer aus einer Suppenschüssel. „Warum in aller Welt hast du ein Pferd auf der Veranda?", fragte Thomas. Alle Pferde, die er kannte, wohnten in einem Stall. „Tja", sagte Pippi nachdenklich, „in der Küche würde es nur im Wege stehen. Und im Wohnzimmer gefällt es ihm nicht."

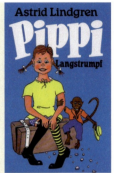

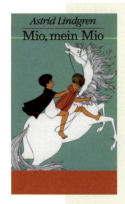

Mio erzählt:
Ich hatte noch einen Freund. (…) Er hieß Kalle Punt und war ein altes Brauereipferd und brachte Bier für die Geschäfte in der Upplandsgatan. Meist kam er zeitig am Morgen, gerade wenn ich zur Schule musste. Ich wartete dann auf Kalle Punt, nur um ein wenig mit ihm reden zu können. Er war so ein gutes altes Pferd und ich bewahrte ihm Würfelzucker und Brotrinden auf. Benka tat das auch, denn auch Benka hatte Kalle Punt gern. Er sagte, Kalle Punt sei sein Pferd, und ich sagte, er wäre meins, und daher hatten wir manchmal einen kleinen Streit wegen Kalle Punt. Wenn Benka es nicht hören konnte, flüsterte ich Kalle Punt ins Ohr: „Du bist auf jeden Fall mein Pferd."

Astrid Lindgren

1 Schreibt auf, was ihr über die beiden Pferde erfahrt.
Vergleicht die Ergebnisse eurer Gruppen.

– wohnt auf der Veranda

Kalle Punt

– …

– …

Kleiner Onkel

2 Der Kleine Onkel und Kalle Punt treffen sich.
Schreibe ein kurzes Gespräch zwischen den beiden.

Kleiner Onkel: „Du hast es aber schwer."
Kalle Punt: „…

Lang oder kurz?

der Striegel, die Zwiebel, das Kind, der Brief, der Stiefel, der Tisch, das Licht, das Bild, die Wiese, die Biene

1. Sprich dir die Wörter leise vor.
   Schreibe die Wörter auf, bei denen der Selbstlaut lang klingt.

   der Striegel, …

   > Wenn das **i** lang klingt, musst du fast immer **ie** schreiben.
   > der R**ie**se, die Fl**ie**ge, sp**ie**len, t**ie**f

2. Markiere **ie** in deinen Wörtern aus Aufgabe 1.

Zum Karneval gehe ich als **Cowboy**.

Cowboy ist englisch: **cow** bedeutet *Kuh* und **boy** bedeutet *Junge*.

Noch heute gibt es | Cowboys | in Amerika. |
Der Cowboy | trägt meistens | einen großen Hut, |
Jeans | und Stiefel mit Sporen. | Auf seinem Pferd |
hütet er die Rinder. | Nach seiner Arbeit |
bürstet und striegelt | er sein Pferd | und gibt ihm |
zu fressen. | Es wiehert leise | und zeigt damit |
seinen Dank. | Wenn es laut wiehert | und schreit, |
ist es wütend. |

Früher dienten Pferde | hauptsächlich |
als Zugtiere. | Man reiste | auf ihrem Rücken |
oder saß in einer Kutsche.

der Cowboy ▲ ☼
die Jeans ▲ ☼
das Pony ▲ ☼
der Stiefel ▲ ■
bürsten ▲ ■
striegeln ▲ ■ ☼
wiehern ▲ ■ ☼
wichtig ▲ ■

Übungsseiten

1

Suche alle Wörter mit **ie** heraus. Setze die Verben (Tuwörter) in die Grundform.

spaz**ie**ren, …

2

Schreibe die Reimwörter untereinander auf.

3

Schreibe die Nomen (Namenwörter) mit Artikel (Begleiter) auf.

das Schaukelpferd, …

 4

Wie viel kW sind im Fahrzeugschein angegeben?

Ein Pferd in der Kneipe

Spaziert ein Pferd in die Kneipe. Bestellt ein Bier. Der Wirt ziemlich erstaunt: „Jetzt mach ich diesen Laden hier schon vierzehn Jahre, aber so etwas ist mir noch nie passiert." Das Pferd wiehert: „Bei diesen Preisen wird Ihnen das so schnell auch nicht wieder passieren!"

Reimwörter mit ie

Striegel	Ziege	Dieb	Riesen
R✶	W✶	S✶	W✶
Sp✶	Fl✶	l✶	n✶

Pferdestärke = PS

In der Umgangssprache wird die Kraft eines Autos oft noch mit PS ausgedrückt. In Autopapieren wird die Motorkraft mit „Kilowatt" (kW) angegeben. 1 PS entspricht etwa 0,75 kW. Momos Eltern fahren ein Auto mit 60 PS.

Präsens

ich		e
du	schlaf	st
er	schläf	t
wir	geb	en
ihr	gib	t
sie		en

Präteritum

ich		
du	schlief	st
er		
wir		en
ihr	gab	t
sie		en

1
Schreibe die Personalpronomen (persönlichen Fürwörter) mit den passenden Formen der Verben (Tuwörter) auf.

ich schlafe, du …

ich schlief, du …

(er reitet)   ich esse
er hilft   sie helfen
ich spreche
er fällt
ihr nehmt
sie bekommen
er nimmt
du bekommst
sie spricht   ich bin

Heute oder früher?

Gegenwart oder **Vergangenheit**?

ihr nahmt   er half
sie bekamen
ich aß   sie halfen
(er ritt)
du bekamst
ich war
ich sprach
er fiel   er nahm
sie sprach

2
Ordne Präsens (Gegenwart) und Präteritum (Vergangenheit) zu.

er reitet – er ritt
…

3
Schreibe einige Sätze mit den Wörtern aus Aufgabe 2.

4
Zeichne einen Comic zum Witz.

Auf dem Reiterhof

Ein Mann sammelt schon eine ganze Weile Pferdeäpfel ein. „Was machen Sie denn damit?", will ein kleiner Junge wissen. Sagt der Mann: „Die gebe ich zu den Erdbeeren." Sagt der Junge: „Aha, mal was anderes als Schlagsahne."

Es wird Frühling

„Ich würde gerne malen, wie der Vogel singt."

Claude Monet, französischer Maler

 1 Was siehst du auf dem Bild? Lässt es dich auch etwas hören?

 2 Welche Wörter fallen dir beim Anschauen ein?

 3 Wenn dich das Bild etwas hören oder riechen lässt, schreibe auch das auf.

 Licht

 blau

 summen

 Duft

 süß

Ein Bild und viele Wörter

1 Legt eure Blätter mit den Wörtern auf ein großes Papier.

2 Lasst die Wörter miteinander spielen.
Nehmt immer zwei Begriffe, die den Frühling beschreiben.

3 Nun kannst du ein Frühlingsgedicht schreiben.
• Nimm Wortpaare und lege sie zusammen, bis dir die Reihenfolge gefällt.
• Denk dir eine Überschrift aus.

Ein Frühlingsbrief

Ratingen, den 27. März

Liebe Virginie,

endlich ist der Frühling da. Die Tage werden länger. Der Boden ist noch kühl, trotzdem blühen schon die Krokusse. Jeden Tag wird es wärmer. Hier gibt es jetzt viel im Garten zu tun. Meine Mutter hat schon gehackt und gegraben. Gestern war ich mit ihr in der Gärtnerei. Mutter hat Pflanzen gekauft. Pflanzen, die bei dir im Süden zuHause sind, können wir erst nach den „Eisheiligen" kaufen. Zur Zeit steigt auch das Wasser im Fluss hinter unserem Haus immer höher. Die Laubbäume bekommen junge Triebe und die ersten Mandelbäume blühen prächtig. Am meisten freue ich mich, dass ich wieder länger draußen spielen kann. Besuch mich doch im Frühling.

Viele liebe Grüße von
deiner Anne

Virginie Bourdet
29, rue Fragonard
F-06560 Valbonne
FRANCE

> Mit Adjektiven kann man etwas näher beschreiben oder etwas vergleichen.

✏️ **1** Schreibe die Sätze heraus, die dir gut gefallen.

👥 **2** Vergleicht eure Sätze und begründet eure Wahl.

✏️ **3** Bilde von den Adjektiven (Wiewörtern) aus dem Brief die Vergleichsformen.

Grundform	Vergleichsstufe	Höchststufe
lang	länger	am längsten

die Biene	▲ ■
die Luft	▲ ■
der Schmetterling	▲ ● ■
jung	▲
froh	▲ ■ ✦
süß	▲ ■

4 Was gefällt dir am Frühling? Schreibe einige Sätze auf.

5 Sammelt Lieder, Geschichten und Gedichte über den Frühling.

DIE ZEIT LEISTE ICH MIR!

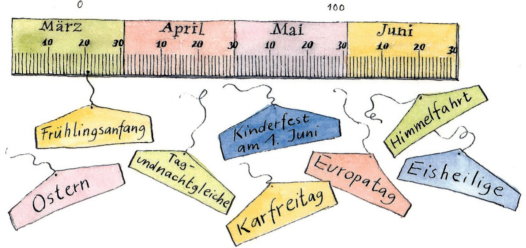

1 Hängt in der Klasse eine Frühlings-Zeitleiste auf. Befestigt daran Karten mit besonderen Frühlings-Ereignissen.

Die Tagundnachtgleiche

2 Erklärt die Begriffe so, dass jeder die Bedeutung verstehen kann.

Das Holifest feiert man in Indien, wenn der Winter vorbei ist.

Endlich Frühling! |

Schon früh am Morgen | fangen die Vögel | vor Momos Fenster | zu singen an. | Im Frühling | klingen ihre Lieder | besonders schön, | findet Momo. | Die Sonne | scheint jetzt | wieder länger. | Die Luft | wird wärmer | und viele Menschen | gehen draußen spazieren. | Im Park | blühen bunte | Frühlingsblumen. | Auch Schmetterlinge | und Bienen | kann man nun | wieder sehen. |

D Die Kinder der Klasse 3a | haben Bohnen | gepflanzt. | Die jungen Triebe | der Pflanzen | sind schon bald zu erkennen.

die Bohne	▲■☆
das Lied	▲■
fangen	▲■
grüßen	▲■
klingen	▲■
scheinen	▲■
spazieren	▲■☆
besonders	▲■
draußen	▲
wieder	▲

Bohnentagebuch

Momo, Simon und die anderen Kinder der Klasse 3a haben Feuerbohnen gepflanzt.
In einem „Bohnentagebuch" notieren sie, was geschieht.

BOHNENTAGEBUCH von Simon

Material:
- Blumentopf
- Blumenerde
- Bohnensamen
- Wasser

Fachwörter:
- Feuerbohne
- den Bohnensamen legen
  (das heißt: pflanzen)
-

1. Tag (25. März)
Ich füllte einen Blumentopf mit Erde. Dann pflanzte ich die Bohne ca. 4 cm tief in den Topf.
Danach goss ich Wasser auf die Erde. Die Pflanze braucht Licht, Wärme und Luft, deswegen stellte ich sie auf die Fensterbank.

2. Tag (26. März)
Die Erde war noch feucht. Ich goss nicht nach.

3. Tag (27. März)
Ich goss etwas nach, aber herausgekommen war noch gar nichts.

…

 1 Beantworte folgende Fragen:
   a) Was benötigte Simon, um die Bohne einzupflanzen?
   b) Was braucht die Pflanze, um zu wachsen?
   c) Weshalb goss Simon am 2. Tag nicht?

 2 Überlegt gemeinsam, ob ihr etwas pflanzen oder aussäen wollt. Beobachtet, was geschieht. Legt dazu ein Tagebuch an.

Kresse keimt schneller.

Simon und die anderen Kinder schreiben nach den Tagebucheintragungen einen Bericht. Gemeinsam halten sie vorher wichtige **Schreibhinweise** fest.

Schreibhinweise
- Schreibe sachlich richtig.
- Verwende Fachwörter.
- Schreibe den Text kürzer als die Tagebucheintragungen.

Schreibkonferenz

Simon stellt seinen Text vor.
Die Kinder sollen prüfen, ob er die Schreibhinweise beachtet hat.

<u>Mein Bohnenbericht</u>

Im Sachunterricht pflanzte (legte) ich eine Feuerbohne. Ich brauchte dazu: einen Blumentopf, Blumenerde, Bohnensamen und Wasser. Also füllte ich den Blumentopf mit Erde. Dann legte ich den Bohnensamen ca. 4 cm tief in die Erde im Topf. Danach goss ich ein wenig Wasser in den Topf. Die Pflanze braucht Licht, Wärme und Luft, deswegen stellte ich sie auf die Fensterbank.

Nach drei Tagen war immer noch nichts gewachsen. Nach dem Wochenende kam ich in die Schule und schaute nach meiner Pflanze. Als ich sah, dass immer noch nichts gewachsen war, wurde ich ungeduldig und grub nach der Bohne. Die Bohne war unten in der Erde zwar schon gekeimt, aber es war noch nichts ans ans Tageslicht gekommen.

Am 10. Tag endlich war etwas gewachsen. Am folgenden Tag war meine Bohne 3 cm größer. Am nächsten Tag war meine Pflanze 19 cm hoch. Und ich musste sie gießen, denn die Erde war trocken geworden. Einen Tag später war die Pflanze 25 cm groß.
Am 14. Tag war sie 33,5 cm groß. Am nächsten Morgen in der Schule war meine Bohne 46,5 cm hoch.

Tom hat mit seiner Bohne angegeben. Er hat behauptet, dass sie viel besser gewachsen ist als meine. Aber das stimmt nicht. Nach dem Wochenende war die Pflanze 80,5 cm hoch. Meine Bohne ist leider 2 Tage später abgebrochen. Tom hat gelacht und das fand ich gemein.

---

1 Stellt fest, ob Simon die ersten beiden Schreibhinweise beachtet hat.

2 Was könnte man weglassen?
Überlegt, wie ihr Simons Text kürzen könnt.

Übungsseiten

✏ **1**
Suche aus dem Text Wörter mit **ng** heraus. Übe einige mit dem Wegezeichen ■.

<u>Singvogel, Gesang</u>, …

✏ **2**
Übermale **ng** in den Wörtern aus Aufgabe 1.

<u>Singvogel, Gesang</u>, …

✏ **3**
Bilde die Mehrzahl und trenne die Wörter.

Susi Siebenschläfer

Ich gehöre wie der Singvogel
zu den Frühlingsboten.
Mein langer Winterschlaf
dauert sieben Monate.
Eng aneinander gedrückt
schlafen meine Freunde
und ich in einer Höhle.
Erst im April bin ich wieder hungrig.
Dann fange ich an auf Bäume zu klettern.
Ich springe von Zweig zu Zweig und suche nach Nahrung.

---

der Ring • der Onkel • die Zunge • der Enkel • die Bank
das Getränk • der Junge • das Ding • der Engel
der Gedanke • der Finger • der Sprung • die Stange
der Schrank • das Geschenk • der Klang • die Schlange
der Schmetterling

ng	nk
die Rin-ge	die On-kel

> **Weißt du noch?**
>
> Die meisten Nomen (Namenwörter) gibt es in der **Einzahl** und in der **Mehrzahl**.

✏ **4**
Von 8 Wörtern kann man keine Mehrzahl bilden.
Suche sie heraus.

<u>der Schnee</u>, …

der Monat • der Schnee
der Vogel • der Käfer • das Laub
die Wärme • die Milch • der Juni
das Obst • die Bohne • das Glas
das Lied • der Sand • das Land
die Kälte • die Biene

Ich bin mir nicht sicher …

Wörter mit h

Weißt du noch?

Nach einem **langen Selbstlaut** steht in manchen Wörtern ein **h**.

Diese Wörter musst du dir merken.

Fr**ü**__h__ling

der Hahn • die Ohren • der Stuhl • die Uhr • ohne • sehr
der Lehrer • die Kohle • die Zahl • das Mehl • der Draht
die Wahl • die Bahn • das Huhn • die Bohne • fahren
mehr • stehlen • die Fahne • wohnen • mehrere • nehmen

AB / VOR	FAHR	-T
AN / ZU	NEHM	-EN
ÜBER / WEG	ZAHL	-UNG

Die Kiesel

Die Kiesel, die kalten,
die ur-ur-alten,
im Bergbach liegen sie still.

    Ist mancher darunter,
    manch feiner, manch bunter,
    manch blankes, herrliches Ding.

        Der Fritz kommt vorüber,
        gleicht beugt er sich nieder,
        den schönsten sucht er sich aus.

Josef Guggenmos

✏ **1**

Ordne die Wörter.
Trenne die mehr-
silbigen Wörter.
Markiere den langen
Selbstlaut.

ah: der H<u>a</u>hn, …
eh: …
oh: die <u>Oh</u>-ren, …
uh: …

✏ **2**

Bilde Wörter.
Unterstreiche den
Wortstamm.

ab<u>fahren</u>, …

✏ **3**

Warum fand Fritz
einen Kiesel wohl
am schönsten?

Er war bunter als
die anderen.
Er war …

Wege gehen

Unsere Geschichte beginnt in einer Landschaft ohne Wege.

Erst waren es Tiere, die auf ihren Wanderungen durch das Dickicht Pfade festtraten.
Der Mensch folgte ihnen.
Entdecker und Händler waren die ersten Reisenden. Einige alte Pfade wurden später zu Straßen ausgebaut. Leider war oft der Krieg ein Grund zum Straßenbau.

1 Loche ein Blatt Papier.
So entsteht ein kleines Guckloch, durch das du das Wege-Bild genau betrachten kannst.

2 Wie verändern sich Straßen im Laufe der Zeit?

früher: heute:

Ein berühmter Weg

Ein berühmter Weg in Asien ist die Seidenstraße.
Sie wird seit über 2000 Jahren von Händlern und Reisenden benutzt.

 1 Was könnte auf einer solchen Reise geschehen?

 2 Welchen Weg würdest du gehen?

3 Bilde Aussagesätze. Du kannst jedes Satzglied mehrmals verwenden.

MENSCHEN UND TIERE   SUCHEN   DIE RÄUBER
ENTDECKEN   EINEN VERSCHÜTTETEN PALAST
ÜBERRASCHEN   SANDSTÜRME   DIE HÄNDLER
ÜBERFALLEN   WASSER

Die Händler suchen …

> Jede Reise auf der Seidenstraße war ein Wagnis.

 4 Ein **Satzglied** bleibt an der zweiten Stelle, auch wenn du die Satzglieder umstellst. Kreise es in deinen Sätzen ein.

Die Händler (suchen) Wasser.

Wasser (suchen) die Händler.

In fast jedem Satz gibt es ein Satzglied, das sagt, **was jemand tut** oder **was geschieht**. Dieses Satzglied heißt **Prädikat** (Satzaussage).

Was tun die Händler?   Die Händler   *suchen*   Wasser.
                                         Prädikat
                                         (Satzaussage)

Erzählwege

Erzählwege können sich trennen
wie die Wege der Händler auf der Seidenstraße.

Die Kinder der Klasse 3a planen
eine neue Geschichte.
Dabei helfen ihnen Erzählkarten aus der Erzählkartei.
Auf jeder Erzählkarte steht ein Wort, zum Beispiel:

Die Kinder haben ihre Karten geordnet:
Figuren (Menschen, Tiere, Wunderwesen), Ereignisse, Orte, …

1 Legt selbst Erzählkarten an.
  Plant eine Geschichte wie die Kinder der Klasse 3a.

2 Schreibt die Geschichte auf.

Gestalte 3 Nomen
(Namenwörter)
mit Schrift.

der Bär	▲ ■
das Pflaster	▲ ■
der Weg	▲ ■
treten	▲ ■
trocken	▲ ● ■
endlich	▲ ■
immer	▲ ●

Zwei Erzählwege

Wir gehen auf Bärenjagd

Eine Familie geht auf Bärenjagd. Der Weg führt durch hohes Gras, durch einen kalten Fluss, durch glitschigen Schlamm. Weiter geht es durch einen dunklen Wald. Dann kommt ein Schneesturm. Endlich finden sie die Bärenhöhle. Ein riesiger Bär steht da. Vor lauter Angst rasen alle blitzschnell zurück durch den Schneesturm, den Wald, den Schlamm, den Fluss und das Gras. Zu Hause angekommen, verstecken sich alle.

Pinocchio

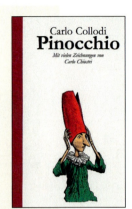

Aus einem Stück Holz schnitzt der alte Gepetto eine Puppe, die lebendig wird. Pinocchio hat eine lange, spitze Nase. Wenn er lügt, wird sie noch länger. Pinocchio zieht durch die Welt und erlebt gefährliche Abenteuer. Ein Fuchs und eine Katze wollen ihn töten. Da hilft ihm die Fee mit den blauen Haaren. Er wird ins Meer geworfen und von einem Haifisch verschlungen. Aber er wird wieder gerettet. Am Ende wird aus der Holzpuppe ein Mensch, ein richtiger Junge.

Jede Geschichte hat einen Anfang und ein Ende.
Dazwischen liegt der Erzählweg. Es gibt verschiedene Erzählwege.

1 Seht euch die beiden Erzählwege an.
Welcher passt zu der Erzählung von der Bärenjagd?
Welcher passt zu Pinocchio?

2 Zeichne zu einer eigenen Geschichte einen Erzählweg und schreibe (oder male) hinein, was geschieht.

> Eine Familie ging auf Bärenjagd. Der Wek war sehr weit.
> Nach vielen Stunden entdekte die Mutter eine Bärenhöhle.
> Der Bär kam aus der Höhle und sagte: „Bitte, bitte, gebt mir
> einen Kuss. Ich bin verzaubert."
> Der Vater brumte: „Ich glaube, ich treume."
> „Natürlich küsse ich dich", sagte das älteste Kind und gab dem
> Bären einen Schmatz. Da war der Bär plötzlich ein schöner
> Prins und ale wohnten zusammen in der Höhle.
>
> Elena

Gemeinsam mit Kati und Tom kontrolliert Elena ihren Text.
Falsch geschriebene Wörter unterstreichen sie. Kati sagt:
„Du musst drei Wörter mit dem ● üben und drei Wörter mit dem ■."

1 Übe die unterstrichenen Wörter mit den passenden Wegezeichen.

■ der Weg – die Wege, der Wegweiser, das Wegezeichen, …
● entdecken – …

2 Welchen der beiden Erzählwege hat Elena für ihre Geschichte gewählt?

Ali hat ein Bild | von der Seidenstraße | gemalt. |
Lisa staunt: | „Da ist ja | eine Menge |
zu entdecken." | Tiere schleppen | schwere Lasten |
einen Berg hinauf. | In der Mitte | der Straße |
steht ein Esel. | Ali erklärt: | „Er kann nicht mehr |
weitergehen. | Er ist verletzt." | Ganz entfernt |
sieht man | eine Stadt. | Die Reise | ist noch weit. |

Ali sagt: | „Bald müssen | die Händler |
eine Wasserstelle finden. | Sie müssen |
die Tiere trinken und | ausruhen lassen."

die Reise	▲■
die Stadt	▲■✦
die Stelle	▲●✦
entdecken	▲●■
lassen	▲●■
sich verletzen	▲●✦
weitergehen	▲■✦
bald	▲

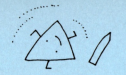

Übungsseiten

1
Wähle 4 Zeilen aus und ergänze die Reimwörter.

Gehen – laufen – springen

Ich gehe – ich eile – ich laufe – ich springe,
ich renne – ich rase – ich sause – ich schwinge,
ich flitze – ich wandre – ich schlendre – ich schreite,
ich hüpfe – ich hopse – ich tänzle – ich weiche,
ich stelze – ich taumle – ich torkle – ich schleiche,
ich stampfe – ich tripple – ich hinke – ich wanke.
ich humple – ich schlurfe – ich bummle – ich schwanke,
ich husche – ich trotte – ich trödle – ich gleite,

Rosemarie Künzler-Behncke

2
Wähle zwei andere Zeilen aus dem Gedicht aus. Setze die Verben (Tuwörter) in die Vergangenheit.

Ich ging – ich eilte – ich lief – ich sprang,
ich rannte – ich raste – ich sauste – ich schwang.

3
Verwende die Verben (Tuwörter) aus dem Gedicht in Sätzen.

Wie bewegst du dich, wenn du fröhlich oder … bist?

Ich …, wenn ich fröhlich bin.
Ich …, wenn ich …

fröhlich • wütend
krank • ängstlich
lustig • müde

4
Schreibe alle Nomen (Namenwörter) mit **WEG** auf. Setze den Artikel (Begleiter) davor.

der Hin<u>weg</u>, …

9 mal `der`
3 mal `die`

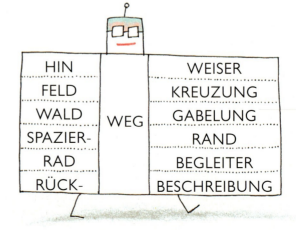

Satzglieder umstellen

Momo hat sich zu diesem Bild eine Geschichte ausgedacht.

Ein Räuber lebte
in einem dunklen Wald.
Er lag in der Nacht
am Wegrand auf der Lauer.
Er bedrohte mit seiner Pistole
die Reisenden in der Kutsche.
Viele Reisende fürchteten sich.
Nur ein kleines Mädchen
fürchtete sich nicht.

Das **Prädikat** sagt, was jemand tut.

| In einem dunklen Wald | lebte | ein Räuber | . |
| Lebte | in einem dunklen Wald | ein Räuber | |

Sprichwörter zu Weg

Auf dem Weg, den viele gingen,

ist der beste.

wächst kein Gras.

Der gerade Weg

gehe nur dem Flusse nach.

Wer den Weg ans Meer nicht weiß,

✏️ **1**
Stelle die unterstrichenen Satzteile an den Anfang. Klingt der Text nun besser?

In einem dunklen Wald lebte …

✏️ **2**
Kreise in deinen Sätzen das Prädikat (die Satzaussage) ein.

In einem dunklen Wald (lebte) …

✏️ **3**
Stelle das Prädikat (die Satzaussage) in deinen Sätzen an den Anfang. Welches Satzzeichen steht nun am Satzende?

(Lebte) in einem …

💬 **4**
Schreibe auf, wie Momos Geschichte weitergehen könnte.

✏️ **5**
Füge die Teile der Sprichwörter richtig zusammen.

Vom Wasser

- **1** Was siehst du auf diesem Bild? Was fällt dir dazu ein?

- **2** Gut zugehört? Berichte, was deine Partnerin/dein Partner gesagt hat.

Erzählkarten

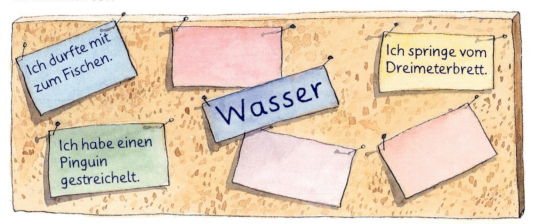

Tim, Ali und Lisa haben eine Erzählkarte ausgewählt.

Ich springe vom Dreimeterbrett.

Ich springe sehr gern vom Dreimeterbrett. Es macht mir Spaß einen kleinen Anlauf zu nehmen. Genau auf dem Rand springe ich kurz hoch. Dann sause ich durch die Luft. Das ist ist wie Fliegen.

Gestern war ich mit meinem kleinen Bruder im Schwimmbad. Er möchte immer alles können, was ich kann. Er hat gesagt: „Ich springe vom Dreimeterbrett." Ich habe ihm erklärt, dass das nicht geht. Er kann nämlich noch nicht schwimmen.

Meine Oma hat mir beigebracht, wie man einen Kopfsprung vom Einmeterbrett macht.
Oma sagt, wer es vom Einer schafft, der kann es auch vom Dreier. Es ist nicht schwerer. Man braucht nur ein bisschen mehr Mut. Also, rauf auf das Dreimeterbrett. Vorbeugen, Kopf zwischen die Arme, fallen lassen. Ich springe vom Dreimeterbrett!

 1 Stellt fest, an welcher Stelle der Satz von der Erzählkarte auftaucht.

2 Sammelt eigene Einfälle.
Schreibt sie auf Erzählkarten.

3 Erzähle oder schreibe eine eigene Geschichte.

the water   l'eau   woda   su   l'acqua   el aqua   das Wasser   het water

Wasser hat viele Namen

Quelle, Bach, Fluss, See, Regen, Wildbach, Teich, Ozean, Meer, Pfütze, Gletscher, …

fließen, rauschen, sickern, sprühen, murmeln, tröpfeln, zischen, rieseln, prasseln, stürzen, brausen, plätschern, sprudeln, strömen, gluckern, …

Die Quelle sprudelt aus der Erde.

Der Bach murmelt …

 1 Was weißt du über Wasser?

 2 Sammelt Bilder oder malt Bilder vom Wasser. Schreibt zu einem Bild.

 3 Wählt Nomen (Namenwörter) und Verben (Tuwörter).
Bildet Sätze, die zu den Bildern im Buch oder zu euren Bildern passen.

Leise plätschert …

Hörst du den Unterschied?

Die Fluten reißen den Baum mit.   Oma und Opa reisen mit dem Schiff.   Der weiße Schaum tanzt auf den Wellen.   Der weise Häuptling spricht über das Wasser.

 4 Sprich die blau gedruckten Wörter deutlich. Beschreibe den Unterschied.

 5 Setze **s** oder **ß** ein.

rie✶eln   flie✶en   brau✶en   gie✶en
schie✶en   bei✶en   sto✶en   le✶en
ra✶en   lö✶en   bla✶en   sau✶en

rieseln, …

Zur Familie der Wale gehören auch die Delfine.
Delfine sind keine Fische, sondern Säugetiere wie Hund und Katze.
Daher müssen sie regelmäßig über Wasser Atem holen. Man hat
beobachtet, dass Delfine dafür sorgen, dass kranke Artgenossen
mit der Atemöffnung über Wasser bleiben. Es wird berichtet,
dass Delfine Dinge, z. B. eine vollgesogene Luftmatratze,
bis an den Strand stoßen.

1 Warum tun Delfine das wohl?
Was denkt ihr?

Delfin kannst du auch so schreiben: Delphin

Das Wort kommt aus der griechischen Sprache.
ph wird wie **f** gesprochen.

Elefant Elephant und *Foto* Photo sind Wörter,
die auch einmal mit **ph** geschrieben wurden.

Ich schreibe **the elephant** und **the photo**.

2 Erkundige dich bei älteren Menschen, welche
Wörter sie früher anders geschrieben haben.

Thier   Koerper   Oefnung   schreyen
giebt   thun   roth   Noth

die Insel	▲■
der Regen	▲■
das Schiff	▲●■
der Strand	▲■✷
fließen	▲■
regnen	▲■
rieseln	▲■
spritzen	▲●✷

3 Vor 200 Jahren schrieben die Menschen so.
Welche Unterschiede könnt ihr festellen?
Schreibt die Wörter so auf,
wie wir sie heute schreiben.

Aus der Sicht einer Figur schreiben

Daytona Beach/Florida. An der Küste Floridas, in Daytona Beach, badete die kleine Peggy an einem leeren Strand. Sie wagte sich zu weit hinaus ins Meer und merkte plötzlich, wie sie von einer starken Strömung mitgerissen wurde. Verzweifelt schrie sie um Hilfe und schlug mit Händen und Füßen um sich. Plötzlich wurde sie von unten angehoben, gestoßen und schließlich zurück an den Strand gedrängt. Als sie wieder richtig bei Besinnung war, wollte sie sich nach ihrem Retter umsehen, bemerkte aber keinen Menschen. Aber ein paar Meter weiter im Wasser schwamm ein Delfin umher. Ein Mann, der zu Hilfe geeilt war, erzählte dem Mädchen, dass der Delfin sie bis an die Küste gestoßen hätte.

 1 In dem Zeitungsbericht gibt es 3 Figuren. Jede hat etwas anderes erlebt.

 2 Suche dir eine Figur aus. Erzähle eine Geschichte in der Ich-Form. Die Anfänge unten helfen dir.

Peggy erzählt:

Der Delfin erzählt:

Ein Mann erzählt:

Meine Eltern und ich hatten ein kleines Haus am Meer. Ich konnte gut schwimmen. Ich durfte allein ins Meer, nur nicht zu weit hinausschwimmen …

Wie schön das ist, so im Meer zu gleiten ohne meinen großen Schwarm. Aber da schwimmt doch etwas …

Ich saß am Strand. War das eine Ruhe hier. Auf einmal …

Schreibhinweise
– Schreibe aus der Sicht <u>einer</u> Figur.
– Beschreibe die <u>Gefühle</u> dieser Figur.

Eine Schreibkonferenz vorbereiten

Die Klasse 3a bereitet eine Schreibkonferenz in Gruppen vor.

Ali: Kannst du noch deutlicher schreiben, wie das für dich war?

Ich bin einmal zu weit hinausgeschwommen. Eine Strömung hat mich mitgerissen. Ich schlug mit den Händen um mich. Als ich unter Wasser war, stupste mich etwas ans Ufer.
Doch als ich wieder zu Bewusstsein kam, guckte ich mich um nach meinem Retter. Ein Mann sagte mir, dass mich ein Delfin gerettet hat.

Kati

Sita: Wie war es am Anfang im Wasser?

Simon: Du hast den zweiten Schreibhinweis vergessen.

Momo: Du hast alles aus Peggys Sicht geschrieben.

1 Was denkt ihr über die Hinweise von Ali, Sita, Simon und Momo?

2 Macht es mit euren eigenen Texten auch so.

Ali und seine | große Schwester Deniz |
lieben es | im Meer zu baden, | zu tauchen |
und sich gegenseitig | zu bespritzen. |
Ali baut | auch gern | Sandburgen am Strand. |
Er gräbt | ein breites Flussbett | zum Meer. |
So fließt | reichlich Wasser | zu seiner Burg. |
Deniz schwimmt lieber. | Am liebsten | würde sie |
zur nächsten Insel schwimmen. |

D Deniz schwimmt | sehr schnell. | Es ist nicht leicht |
sie einzuholen.

Deniz heißt auf Deutsch **das Meer.**

der Fluss	▲●■
das Glas	▲■
baden	▲■
graben	▲■
tauchen	▲■
breit	▲■
reich	▲■
vorbei	▲✧

Übungsseiten

1
Schreibe den Text ab. Gestalte einige Nomen (Namenwörter).

Vom Wasser lernen

Vom Wasser haben wir's gelernt, vom Wasser.
Das hat nicht Ruh bei Tag und Nacht,
ist stets auf Wanderschaft bedacht,
das Wasser.

2
Stelle einige Satzglieder so um, dass der Text besser klingt.

Satzglieder umstellen

Tom | war | in den letzten Sommerferien | am Meer.
Die Sonne | schien | am Strand | heiß | vom Himmel.
Die Wellen des Meeres | rauschten | leise.
Tom | legte | sich | auf sein Handtuch
und | schaute | auf das Meer.
Ein Schiff | kam | langsam | näher.

3
Bilde Nomen (Namenwörter) mit **Wasser**.

Meerwasser, Wasserkrug, …

Meer   trinken   Krug   Eimer
spülen   baden
waschen   **Wasser**   Farben   Rohr
Salz   Fall   Frosch   Becken
Schmutz   Hahn
Regen   Tropfen   Ball   Glas
Leitung   Bett

4
Finde die Lösungen.

Rätselkarte 1
Welches Bett hat keine Federn?

Rätselkarte 2
Er hat Arme, aber keine Hände, läuft und hat doch keine Füße.

Rätselkarte 3
Was ist vor dem Waschen sauberer als danach?

1 – Flussbett, 2 – Fluss, 3 – Wasser

Wörter mit s oder ß

Wie viele Blumen hat der Strauß?
Wie viele Fenster hat das Haus?
  Wie viele Federn sind im Kissen?
Woher soll ich das alles wissen?

Zehen – der Fuß Schienen – das Gleis
Wörter – der Gruß Ziffern – der Preis

Körner – der Grieß
Zacken – der Spieß

Von einem Wort gibt es keine Mehrzahl.

sch
fl
g
spr   → ießen
gen
schl

r
b
h   → eißen
schm

dr
fl   → eißig

Das Wasser bewegt sich im Kreis

REGEN → FLÜSSE → MEER → WOLKEN

Vom Meer kommen die Wolken,
von den ▮▮▮ kommt der Regen,
durch den ▮▮▮ entstehen Flüsse
und aus den ▮▮▮ entsteht das Meer.
So geht der Lauf des Wassers.

Flüssen
Regen
Wolken

---

1 Schreibe gereimte Fragen.

Wie viele Zehen hat der Fuß?
Wie viele Wörter …

2 Schreibe die Nomen (Namenwörter) mit **s** oder **ß** in der Mehrzahl und trenne sie.

die Fü-ße, die …

3 Schreibe die Wörter mit **ß**.

schießen, …

4 Setze die Wörter an der passenden Stelle ein.

Spiele früher – Spiele heute

Pieter Bruegel malte dieses Bild vor 450 Jahren. Er hat darauf ungefähr 80 Kinderspiele dargestellt.

1 Schneide aus Papier ein kleines Fenster und wandere damit über das Bild.

●● **2** Wechselt ab mit „Ich sehe was, was du nicht siehst."

●● **3** Welche Spiele werden heute nicht mehr gespielt? Beschreibe ein Spiel. Wie könnte es heißen?

▷ **4** Nicht nur die Spiele waren vor 450 Jahren anders als heute. Die Menschen lebten auch anders.
Wie stellst du dir das Leben damals vor?
Schreibe einige Stichworte auf.

SPRINGSEILEN? WAS SPIELEN SIE? VIELLEICHT FASSREITEN?

Rund um den Ball

Köln 2004
Aus einem Klassentagebuch

Hamburg 1893
Eine der ersten Mannschaften

Fachbegriffe aus einem Fußballbuch:

Abpfiff **Abseits** **Ecke**
Elfmeter **Foul** **Schwalbe**

1 Erkläre einen der Begriffe so, dass jemand, der sich mit Fußball nicht auskennt, etwas vom Spiel versteht.

Hier steht:
Wenn ein Spieler ein Foul seines direkten Gegenspielers vortäuscht und sich fallen lässt, spricht man von einer **Schwalbe**. Man verwendet dafür ausgerechnet diesen Vogelnamen, weil Schwalben die Eigenart haben sehr tief über dem Boden zu fliegen. Eben genauso, wie es Fußballspieler in einem solchen Fall tun.

Schau doch mal im Fußball-ABC im Internet nach.

2 Wie heißen die Bälle auf diesen Seiten?

3 Welche Ballspiele kennst du? Erkläre ein Spiel.

www.fussballd21.de

✏️ **1** Stell dir vor, du kannst dich in einen Ball verwandeln.
Schreibe deine Erlebnisse auf.

*Ich bin ein roter Ball mit bunten Streifen.
Ich hüpfe …*

Ich bin ein goldener Ball aus dem Märchen „Der Froschkönig". Ich bin in einen Brunnen reingefallen und der Froschkönig hat mich mitgenommen. Weil er Gold will und ich bin aus Gold. Er ist ein Gierhals. Er hat am liebsten Gold, und Silber hasst er. Alle Frösche haben vor ihm Angst, weil er größer als die anderen ist. Und […] Brunnen,

Ich bin die Erde. Ich fliege durch das All. Auf mir sind viele Menschen. Es ist eigentlich sehr schön. Mein Kopf bleibt immer kühl, weil dort ist der Nordpol. An meinen Füßen watscheln die Pinguine. Leider sind viele Menschen auch sehr dumm, weil sie Autos fahren und die Autos lassen Abgase frei. Dadurch wird das Ozonloch immer größer und das Bauen von Atomkraftwerken ist sehr schlecht für mich und alle Wesen.

•• **2** Welcher Text gefällt dir?
Begründe deine Meinung.

das All	▲●
das Spiel	▲■✶
der Stock	▲●✶
hüpfen	▲■
jemand	▲■
verschieden	▲✶

Kleidung – Kleidung

•• **1** Welche Kleidungsstücke tragen die Kinder auf dem alten Foto? Welche trägst du?

•• **2** Legt zwei Tabellen an. Die Wörter im Kasten helfen euch.

Mädchenkleidung früher	Mädchenkleidung heute
Spitzenkleider	✶✶✶

Jungenkleidung früher	Jungenkleidung heute
Matrosenhemden	✶✶✶

> Spitzenkleid • Strümpfe • Bikini
> Strohhut • T-Shirt • Hosenträger
> Schleife • Pullover • Schürze • Rock
> Turnschuhe • Samtkleid • Jeans
> Knöpfstiefel • Matrosenhemd

der Finger ▲■
der Knopf ▲■
der Pullover ▲●✶
der Schuh ▲■✶
der Strumpf ▲■✶
das T-Shirt ▲✶
binden ▲■
schaukeln ▲■
uralt ▲■

•• **3** Stellt einander eure Ergebnisse vor.

↻ **4** Fragt ältere Menschen, welche Kleidungsstücke sie als Kinder trugen.

Früher

*Wie's Mäuschen ins Häuschen,
husch, husch! Wie der Wind,
kriecht's Beinchen vom Kleinchen
ins Strümpfchen geschwind.
Nur her mit den Füßchen,
hinein in den Schuh,
– wir klopfen ein bisschen –
so, klapp – ist er zu.*

*Den Rock nun, das Kleidchen,
da knöpft man geschwind
und bindet die Schürze,
ei, fertig ist's Kind.
So blitzblank gewaschen –
ihr Finger, passt auf
und macht mir kein einziges
Schmutzfleckchen drauf.*

Meine Kleine, mein Kleinchen.

1 Sprich das Gedicht wie eine „liebe Puppenmutter" oder wie eine ungeduldige Person.

2 Schreibe die Nomen (Namenwörter) in der Verkleinerungsform heraus.

Mäuschen, …

3 Welche Nomen (Namenwörter) lassen sich noch verkleinern?

der Wind – das Windchen, …

4 Sprich das Gedicht ohne Verkleinerungen. Was stellst du fest?

5 Das Gedicht sagt etwas darüber, wie Mädchen früher erzogen wurden. Tauscht eure Gedanken aus.

Tim und Momo | betrachten | ein uraltes Bild. | Sie entdecken | viele verschiedene Spiele. | Jemand schaukelt, | andere hüpfen. | Manche treiben | mit einem Stock | einen Reifen, | andere verbinden | sich die Augen. | Momo sagt: | „Ballspiele und Fingerspiele | gibt es heute auch noch." | Tim meint: | „Aber sieh mal, | wie die Kinder | angezogen sind. | Da finde ich | unsere Kleidung | aber viel praktischer. | Unsere Schuhe | haben keine Knöpfe, | unsere Jeans, | T-Shirts | und Pullover | sind bequemer." |

Momo denkt | an das Jeanshemd, | das Oma ihr | zum Geburtstag | geschenkt hat. | Das könnte | Tim auch anziehen.

Übungsseiten

1
Bilde Wörtertreppen.

2
Du kannst dir auch selbst welche ausdenken.

Wörtertreppe

Fuß
Fußball
Fußballschuh
Fußballschuhsohle

| Kinder • Lampen |
| Zimmer • Schirm |

| Knopf • Kleid |
| Loch • Matrosen |

| Schläger • Tisch | Ball • Fuß | Tür • Klinke |
| Tennis • Tasche | Spiel • Regel | Puppen • Stuben |

3
Ordne die Nomen (Namenwörter) nach dem ABC. A B C

der Apfel, …

ABC

das Haus • das Spiel • die Karte • der Hahn
der Ball • der Schirm • der Fuß • der Apfel
der Baum • das Wasser • die Sonne • die Tür

4
Bilde zusammengesetzte Nomen (Namenwörter).

der Apfelbaum, …

Zusammengesetzte Nomen

| Nomen | + | Nomen | ⟶ | zusammengesetztes Nomen |

Apfel   Baum   Apfelbaum
Sonne   Schirm   …

5
Schreibe die Namen der Kleidungsstücke in eine Tabelle.

Ergänze die dritte Spalte, wenn du eine andere Sprache sprichst.

Wörterbuch der Kleidung

Deutsch	Englisch	Meine Muttersprache
die Mütze	the basecap	✱✱✱
das Hemd	✱✱✱	✱✱✱
der Pullover	✱✱✱	✱✱✱
✱✱✱	the jeans	✱✱✱
✱✱✱	the socks	✱✱✱
✱✱✱	the in-line skates	✱✱✱

Versteckte Verben

Bauklötze
Spielplatz **Schwimmbad**
Fahrrad
Taucherbrille **Turnhalle**

In diesen Nomen sind Verben versteckt.

Zusammengesetzte Nomen

baden • bauen • lesen
malen • wohnen • spielen
schreiben • schwimmen

Kasten • Buch • Bad
Klötze • Heft • Zimmer
Schrift • Wanne • Platz

Verb + Nomen → zusammengesetztes Nomen

baden   Wanne   Badewanne
…

Aus groß wird klein

Aus einem Baum wird ein Bäumchen.
Aus einem Zaun wird ein ▬▬▬.
Aus einem Haus wird ein ▬▬▬.

Vogel • Maus • Bach • Ball
Knopf • Tuch • Strumpf

Wortumkehr

Aus GEMÜSESUPPE wird SUPPENGEMÜSE.
Aus GLOCKENTURM wird ▬▬▬.
Aus SPIELPUPPE wird ▬▬▬.

Rad • Sport • Garten
Blumen • Ring • Finger • Bad
Wanne • Haus • Boot

✏ **1**
Wie heißen die versteckten Verben (Tuwörter)?

bauen, …

✏ **2**
Bilde zusammengesetzte Nomen (Namenwörter). Du kannst einige Wörter mehrmals nutzen.

Badewanne, …

✏ **3**
Verwandle die Nomen (Namenwörter). Hänge **-chen** oder **-lein** an.

✏ **4**
Probiere auch andere Wörter umzudrehen.

Hörgeschichten

1 Spielt die Szene nach.
Was glaubt Leo?

GRÜN!

Hier muss man ganz Ohr sein

Philipp Reis erfand 1861 das erste Telefon. Mit elektrischem Strom und durch lange Drähte sollten Menschen über weite Entfernungen miteinander sprechen können.

Die Urform des Telefons war ein aus Eichenholz geschnitztes Ohr. Lange Drähte führten zu Batterien und von dort zu einer mit Draht umwickelten Stricknadel. Die steckte in einer alten Geige. Wenn jemand in das Holzohr sprach oder sang, konnte man es aus der Geige hören.

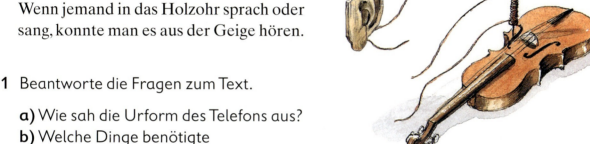

1 Beantworte die Fragen zum Text.

a) Wie sah die Urform des Telefons aus?
b) Welche Dinge benötigte Philipp Reis für seine Erfindung?

2 Erkläre den Begriff „Telefon" oder einen anderen Begriff aus dem Text mit eigenen Worten.

Das Telefon ist ein Apparat …

3 Schlagt Fachbegriffe, die ihr nicht erklären könnt, im Lexikon nach.

Batterie nennt man mehrere miteinander verbundene → Zellen. Darin ist → Energie gespeichert. Die Zellen bestehen aus verschiedenen Materialien, die chemisch miteinander reagieren. Dabei werden die Materialien

🌐 www.kidsweb.at/telefon/

die Batterie	▲●■
der Draht	▲■✸
bedeuten	▲■
fallen	▲●■
beinahe	▲✸
darin	▲
direkt	▲

Ein Hörspiel vorbereiten: Das Dschungelbuch

Kennst du Mogli und seine Dschungel-Abenteuer? Rudyard Kipling hat die Geschichte erfunden. Viele Kinder kennen Mogli aus Disneys Dschungelbuch-Film.

Tief im Dschungel entdeckte der Panter Baghira eines Tages ein Menschenkind, das in einem gestrandeten Boot in einem Weidenkörbchen lag. Er stellte das Körbchen in der Nähe des Baus einer Wolfsfamilie ab, weil er hoffte, die Wölfe würden sich um das Menschenkind kümmern. Nachdem die Wolfsmutter das Baby eine Weile beschnüffelt hatte, trug sie es in ihren Bau. (…)

Baghira besuchte Mogli oft und war froh zu sehen, wie glücklich er war. Doch Baghira wusste auch, dass Mogli eines Tages zu den Menschen würde heimkehren müssen. Die Wölfe hatten erfahren, dass der Tiger Shir Khan in ihren Teil des Dschungels zurückgekehrt war. Shir Khan hasste die Menschen, weil sie Jäger waren, und er wollte Mogli töten, bevor dieser alt genug war, um ein Jäger zu werden.

Walt Disney, verändert

Baghira, der Panter

Mit den Wolfsjungen wächst Mogli auf.

Die Affen versuchen Mogli zu entführen.

Mogli

Erzähler:	Baghira streift durch den Dschungel. Da hört er plötzlich ein merkwürdiges Geräusch. Es klingt, als würde ein kleines Kind weinen.
Baghira: (verwundert)	Das Weinen wird immer lauter. Wo kommt es her?

1 Schreibt das Hörspiel weiter.

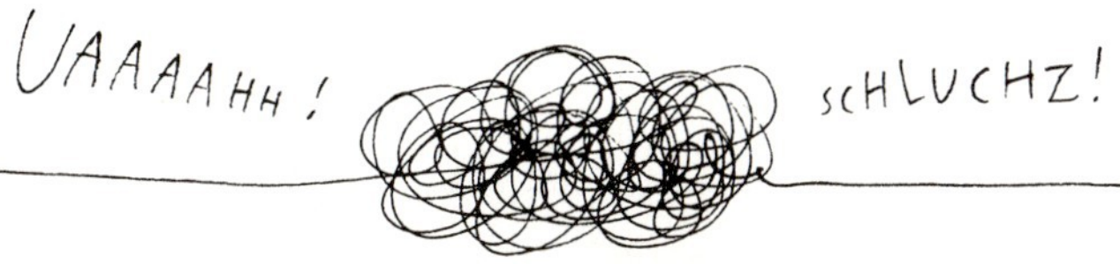

UAAAAHH!   SCHLUCHZ!

Orte	Sprecher	Geräusche	Musik
Dschungel	Erzähler	Blätter rascheln	Handtrommel
		klappern Baby weint	Triangel
Boot	Erzähler	weint lauter	Flöte, hohe Töne
	Baghira		
Wolfsbau	Erzähler	Wolfsjunge heulen leise	Rasseln
	Baghira		
	Wolfsmutter		
Dschungel	Mogli	schnuppern fauchen	Handtrommel
	Wolfskinder	rascheln hecheln	
Wolfsbau	Baghira	murmeln	Klangholz
	Mogli	flüstern	
	Wolfsmutter		

Kaa, die Schlange, erwürgt Mogli beinahe.

Shir Khan, der Tiger

1 Gestaltet das Hörspiel.

Papiere aneinander reiben, Weinen eines Kindes, Triangel

Balu, der Bär, wird Moglis Freund.

Flöte, immer hellere Töne

Geräusche-Werkstatt

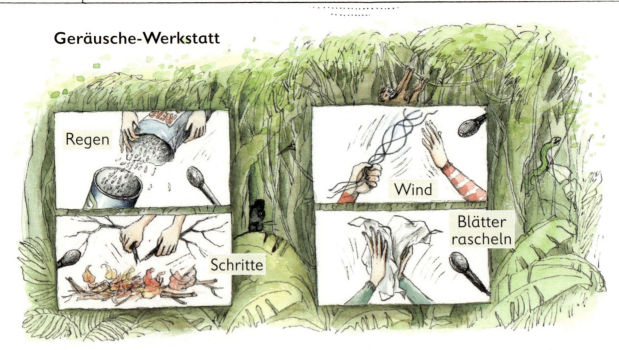

1 Versucht Geräusche herzustellen.

Versammlung der Wölfe

Die Wölfe wollen auf einer Versammlung entscheiden,
ob das Menschenkind bei ihnen bleiben soll.
Der Tiger Shir Khan faucht:

„Der kleine Mensch gehört mir! Gebt ihn her!"

Da erhebt Balu seine Stimme:

„Das Menschenkind soll im Dschungel bleiben!"

2 Sprecht die Sätze in verschiedener Weise nach.

heimlich und leise · ungeduldig · fröhlich · ängstlich · laut und wütend

Wortfeld „sprechen"

3 Ordne die Verben (Tuwörter) den Adjektiven (Wiewörtern) zu.

heimlich und leise:
wispern, flüstern, …

sprechen
keifen · plappern · zetern · quasseln
schnattern · flüstern · murmeln
schimpfen · tuscheln · zischen
kreischen · wispern · jammern
schreien · brüllen · meckern · stammeln
stottern · quatschen · schwatzen

Ein Filmplakat zum Dschungelbuch

Dschungel, wie viel Fantasie und Zauber liegen in diesem Wort. Und wie märchenhaft und wie wundersam ist die Geschichte des kleinen Jungen, der Mogli hieß.

Es begann damit, dass eines Tages die Stille im Dschungel durch fremdartige Laute gestört wurde. Laute, wie man sie hier bisher noch nie gehört hatte. Da lag ein Menschenkind.

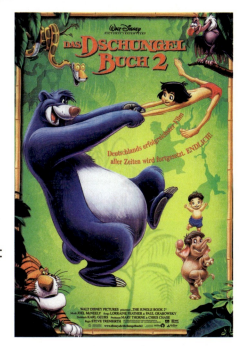

1 Die Einführung in den Film macht neugierig. Schreibe 3 Fragen zum Text auf, zum Beispiel:

Wo spielt die Geschichte?

2 Beantwortet eure Fragen gegenseitig.

Mogli und die Affen

3 Die Affen wollen Mogli entführen. Sie ziehen ihn zu sich auf den Baum. Was könnten Mogli und die Affen sich alles zurufen?

Affe: „Wir brauchen dich!"
Mogli: „Lasst mich …!"

Redezeichen und **Ausrufezeichen** nicht vergessen!

Simon, Lisa und Mario | müssen alles | zusammenstellen, | was sie für | die Geräusche brauchen. | Simon möchte | in den Zoo gehen, | um Tierstimmen | aufzunehmen. | Er fragt Lisa: | „Hast du noch Batterien | für den Rekorder?" | Lisa sucht | tief in einer Kiste | nach Draht | für die Windgeräusche. | Sie hört Simon nicht. | Mario hat | von seiner Schwester | eine Flöte ausgeliehen. | Er übt schon einmal | hohe und tiefe Töne zu spielen. | Beinahe sind sie fertig. |

das Geräusch	▲■
die Flöte	▲■
flüstern	▲■
quaken	▲■ ✶
schweigen	▲■
eckig	▲●■
fertig	▲■
tief	▲■

Simon schreibt | für die Aufnahme | noch Schilder.

Achtung, Aufnahme!
Bitte flüstern!

Übungsseiten

1 Ergänze die fehlenden Reimwörter.

Gestern hab ich ...

Leider

Gestern hab ich mir ▭
ich wär der einzige Mensch auf der ▭
Ganz einsam war ich und weinte ▭
da klingelte leider das ▭

Frantz Wittkamp

Telefon.
Welt.
schon,
vorgestellt,

2 Schreibe die Wörter mit **DRAHT** auf. Unterstreiche den Wortstamm.

ver<u>drahten</u>, ...

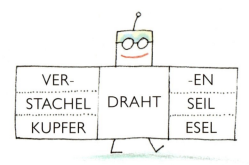

VER- STACHEL KUPFER DRAHT -EN SEIL ESEL

3 Setze passende Verben (Tuwörter) in der Personalform ein.

Vorsichtig schleicht sich Baghira an das Boot heran und murmelt: „ ...

sprechen

schimpfen • flüstern • meckern • brummen • jammern
rufen • brüllen • schreien • plaudern • erzählen • reden
plappern • zischen • murmeln • kreischen • schwatzen

Vorsichtig schleicht sich Baghira
an das Boot heran und ✳✳✳: „Was ist das?"

Das Menschenkind ✳✳✳,
weil es Hunger hat.

Die Wolfsmutter ✳✳✳ mit
den Jungen, die sich zanken.

Balu und Mogli ✳✳✳ und ✳✳✳,
während sie durch den Dschungel
streifen.

Die Schlange Kaa ✳✳✳ wütend,
als Baghira sie vom Ast stößt.

Vorsicht, Aufnahme!

die Suppe • das Paket • die Maus • die Flüssigkeit
das Buch • die Hausaufgabe • das Schild • der Löwe
der Brief • der Film • das Kind • der Witz • das Wetter
der Clown • die Brezel • die Lösung • die Nacht

Rauchsignale

Sagt der andere:

Wie viel Holz brauchst du für dein Feuer, wenn du Rauchsignale sendest?

Fragt ein Indianer den anderen:

Das kommt darauf an. Ortsgespräch oder Ferngespräch?

✏ 1

Schreibe auf, was die Kinder **sagen**, **fragen** oder **rufen**. Denke an die Redezeichen und die Satzzeichen (. ? !).

Tom sagt: „Sprich …

✏ 2

Suche zuerst aus der Wörterliste Adjektive (Wiewörter) mit der Endung **-ig** heraus. Ordne dann ein Nomen (Namenwort) zu.

eckig – das eckige Paket
eisig – das eisige …

✏ 3

Schreibe den Witz in der richtigen Reihenfolge auf. Setze die Redezeichen.

Aus aller Welt

Auf der Welt werden über 2000 verschiedene Sprachen gesprochen. Es gibt mindestens 100 verschiedene Schriften.

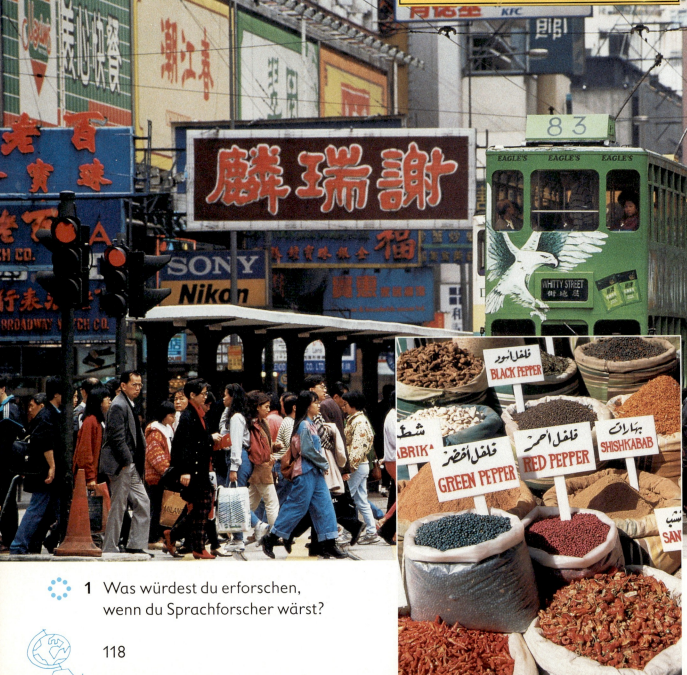

1 Was würdest du erforschen, wenn du Sprachforscher wärst?

Guten Morgen

Inuit

Japaner

1 Welche anderen Begrüßungsformen kennt ihr?
  Stellt verschiedene Begrüßungsformen dar.

2 Versuche die Grüße zu lesen. Lass dir von Kindern oder
  Erwachsenen helfen, die diese Sprachen kennen.

3 Ordnet die Grüße den Ländern zu.

4 Welche Grüße kennt ihr noch?

5 Auch in Deutschland gibt es unterschiedliche
  Grüße. Schreibe einige auf.

Begrüßung	Abschied
✱✱✱	✱✱✱

das Fest ▲■
die Sprache ▲■✲
die Welt ▲
bekannt ▲●■
fremd ▲■
etwas ▲

Kinder in anderen Ländern

Angelina aus Italien erzählt:
„Jedes Jahr feiern wir die *Festa degli alberi* – das Fest der Bäume. Schon lange vorher freue ich mich darauf. Alle Kinder unserer Schule ziehen auf eine Waldlichtung. Dort graben wir tiefe Löcher.
Jedes Kind darf einen Baum pflanzen."

Manuel aus Bolivien in Südamerika berichtet:
„Wir Kinder arbeiten wie unsere Väter und Mütter für unsere Familien. Wir schleppen schwere Lasten und passen auf parkende Autos auf. Wir putzen die Schuhe von Fremden. Selbst tragen wir oft Schuhe aus alten Gummireifen. Die Arbeit ist anstrengend. Viele von uns sind so erschöpft, dass sie ihre Schulaufgaben nicht schaffen."

1 Was erfährst du über Angelina und Manuel?

2 Schreibe etwas über deinen Alltag oder über dein Land.

3 Vergleicht eure Texte mit den Aussagen von Angelina und Manuel.

4 Schreibe aus den beiden Texten oben alle Verben (Tuwörter) so heraus:

Grundform	Präsens (Gegenwart)	Präteritum (Vergangenheit)
erzählen	ich erzähle	ich erzählte

> Imos Mutter erzählt von ihrer **Vergangenheit**.

5 Imos Mutter kommt aus Italien. Auch sie feierte als Kind das Fest der Bäume. Oft erzählt sie Imo davon:

Jedes Jahr feierten …

Rosie lebt in Sydney, einer großen Stadt im Süden Australiens. Sie erzählt: „Im Sommer ist es bei uns sehr heiß. Oft dürfen wir in den Schulpausen nur mit einem Sonnenhut nach draußen. Wir spielen im Schatten der Bäume. Im Fernsehen werden wir vor zu viel Sonne gewarnt.
In den Ferien war ich an der Ostküste. Dort ist es nicht so heiß. Deshalb gibt es dort Eukalyptusbäume und Koalas."

1 Was ist bei Rosie anders als bei uns?

Momo und Ali möchten gern etwas über Koalas wissen.
Bei uns nennt man sie Koalabären.
Ali behauptet: „Das sind in Wirklichkeit aber keine Bären."
Momo und Ali schauen im Internet nach.

Momo tippt diese Adresse ein:
www.tiere-online.de
Ali gibt den Suchbegriff ein: Koala und klickt auf Suche starten .

Es erscheint eine Seite über Koalas.

Momo und Ali notieren sich Stichwörter auf einer Folie. Anschließend berichten sie, was sie über Koalas herausgefunden haben.

2 Im Internet kannst du noch mehr über Tiere aus anderen Ländern erfahren.
Gestalte ein Plakat oder eine Folie. Berichte dazu.

Auf der ganzen Welt spielen Kinder

rio (Fluss)	5	6	animal (Tier)
pais (Land)	3	4	profesion (Beruf)
ciudad (Stadt)	1	2	color (Farbe)

Spiel: Wörtertango

Herkunftsland: Spanien

Material: Kreide

Spielort: draußen

Mitspieler: 2 – 6

Spielanleitung:

Der erste Spieler hüpft mit beiden Füßen in das erste Feld und nennt den Namen einer Stadt. Danach springt er ebenso in das zweite Feld und nennt eine Farbe. Im dritten Feld darf er nur mit dem linken Fuß stehen und muss den Namen eines Landes nennen …

1 Schreibe die Spielanleitung weiter.

2 Schreibe nach dem Muster eine Spielanleitung zu einem Spiel, das du gern spielst.

3 Sammelt Spiele aus aller Welt für die eigene Spielpause oder für einen Spieletag in der Schule.

In der Bücherei findet ihr Bücher dazu.

Finde Wörter mit 3 Silben. Diktiere sie einem Kind.

das Alphabet ▲■✦
der Atlas ▲■
die Erde ▲
der Globus ▲■
der Ozean ▲■
ordnen ▲■
schleppen ▲●■
rund ▲■

Wirf mir den Ball zurück, Mitura!

Ich werfe meinen Ball, meinen gelben Ball.
Er fliegt über Häuser und Bäume.
Er fliegt über Berge und Täler,
weit, weit, weit.

Du fängst ihn und sagst „palla",
das heißt Ball,
du sagst „giallo", das heißt gelb,
du sagst „amico", das heißt Freund.
Und wirfst mir den Ball zurück,
mein Freund aus Italien.

Ilse Kleberger

 1 Das Gedicht ist noch nicht zu Ende.
Dichte weitere Strophen mit anderen Sprachen.

 **2** Kannst du die Wörter *Ball* und *Freund*
noch in anderen Sprachen aufschreiben?

 Momo möchte wissen, | wo Australien liegt. | Simon holt | einen Atlas. |
Das ist ein Buch | mit Karten der Erde. | Simon schaut hinten |
im Buch nach. | Da sind viele Wörter | nach dem Alphabet | geordnet. |
Er schaut vorn | ins Inhaltsverzeichnis. | Das ist nach | Kontinenten |
geordnet. | Momo schleppt | den Globus heran. | Er ist rund | wie die Welt. |
Fast gleichzeitig | sagen beide: | „Hier ist Australien." | Es liegt |
wie eine große Insel | im Ozean. |

Simon fragt: | „Welche Sprache | spricht man in Australien?" |
Momo antwortet: | „Viele Menschen | sprechen Englisch. |
Aber die Ureinwohner | haben eine eigene Sprache."

Übungsseiten

✏ **1**
Notiere die 3 Lösungswörter.

✏ **2**
Schreibe selbst ein Rätsel. Benutze am Satzanfang auch Personalpronomen (persönliche Fürwörter).

✏ **3**
Ersetze einige Nomen (Namenwörter) durch passende Personalpronomen (persönliche Fürwörter).

Die Kinder bilden 2 Mannschaften. Dann stellen sie sich …

✏ **4**
Immer 3 Wörter passen zusammen.

Verb – Tuwort – …
Nomen – … – …

Rätsel

Es ist nass.
Es ist salzig.
Es ist die blaue Fläche auf dem Globus.

Ich, du, er, sie, es …

… wir, ihr, sie.

Er ist kein Ball.
Er zeigt alle Länder der Erde.
Er kann sich um die eigene Achse drehen.

Sie gibt uns Licht.
Sie ist lebensnotwendig.
Sie wird von vielen Kindern der Welt oft gemalt.

Ein Spiel von den Philippinen

Die Kinder bilden 2 Mannschaften. Dann stellen die Kinder sich einander gegenüber auf. Zwischen sich breiten die Kinder ein Laken aus. Die Kinder halten das Laken straff gespannt. In der Mitte des Lakens legt der Schiedsrichter einen Tischtennisball. Der Tischtennisball darf nur durch Pusten bewegt werden.
Die Kinder versuchen den Ball auf die gegnerische Seite zu pusten.
Wenn eine Mannschaft es schafft den Ball auf der gegnerischen Seite vom Laken zu pusten, erhält diese Mannschaft einen Punkt.

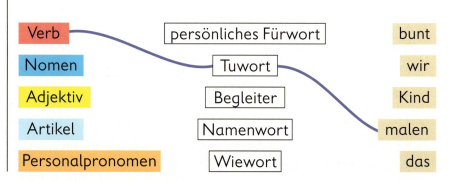

Känguru und Dingo unterwegs

Im Sommer **wandern** die beiden Freunde, das Känguru und der Dingo, übers Land. Sie **suchen** einen Ort um auszuruhen. Sie **kommen** an einen Felsen und **beschließen** sich hier niederzulassen. Zuerst **erkunden** sie den Felsen. In einer Höhle **finden** sie wunderschöne Malereien an den Wänden.

1
Die beiden Tiere erzählen, was sie erlebten. Schreibe ihre Geschichte in der Vergangenheit. A B C
Benutze die Wir-Form.

Im Sommer wanderten wir …

Satzglieder umstellen

Die Länder | in Europa | liegen | dicht beieinander .

Es | gibt | zwischen ihnen | kleine und große Unterschiede .

In einigen Ländern | ist | es | im Sommer | sehr heiß .

Die Autos | fahren | in wenigen Ländern | auf der linken Straßenseite .

2
Stelle wenigstens ein Satzglied um.

In Europa liegen …

3
Kreise in deinen Sätzen aus Aufgabe 2 das Prädikat ein.

In Europa (liegen) …

Die Ameisen

Und da verzichteten sie weise
dann auf den letzten Teil der Reise.

Bei Altona auf der Chaussee,
da taten ihnen die Beine weh.

In Hamburg lebten zwei Ameisen,
die wollten nach Australien reisen.

Joachim Ringelnatz

Auf Wiedersehen im 4. Schuljahr!

Sajonara!

Addio!

4
Ordne die Teile des Gedichts.

5
Du kannst auch zum Gedicht zeichnen.

125

Wörterliste

A a

der A|bend, die A|ben|de
das All
    al|le
    al|lein
das Al|pha|bet,
    die Al|pha|be|te
    alt
    am
    an
    an|de|re
    an|ders
    an|fan|gen,
    du fängst an,
    er fing an
die Angst, die Ängs|te
der Ap|fel, die Äp|fel
die Ap|fel|si|ne,
    die Ap|fel|si|nen
    ar|bei|ten,
    du ar|bei|test
sich är|gern,
    du är|gerst dich
der At|las,
    die At|las|se/
    die At|lan|ten
    auch
    auf
    auf|pas|sen,
    du passt auf
    auf|räu|men,
    du räumst auf
das Au|ge, die Au|gen
sich aus|ru|hen,
    du ruhst dich aus
das Au|to, die Au|tos

B b

das Ba|by, die Ba|bys
    ba|cken, du backst
    ba|den, du ba|dest
    bald
der Ball, die Bäl|le
der Bär, die Bä|ren
    bas|teln, du bas|telst
die Bat|te|rie,
    die Bat|te|rien
    bau|en, du baust
der Baum, die Bäu|me
der Be|cher, die Be|cher
    be|deu|ten,
    es be|deu|tet
das Beet, die Bee|te
    bei
    bei|na|he
    bei|ßen, du beißt,
    er biss
    be|kannt
    be|kom|men,
    du be|kommst,
    sie be|kam
    be|quem
der Berg, die Ber|ge
der Be|ruf, die Be|ru|fe
    be|son|ders
das Bett, die Bet|ten
sich be|we|gen,
    du be|wegst dich
die Bie|ne, die Bie|nen
das Bild, die Bil|der
    bin|den, du bin|dest,
    er band
    bin, ich bin
die Bir|ne, die Bir|nen
    biss|chen, ein biss|chen
    bit|ten, du bit|test,
    sie bat
das Blatt, die Blät|ter
    blau
der Blei|stift, die Blei|stif|te
    blind
    blü|hen, es blüht
die Blu|me, die Blu|men
die Boh|ne, die Boh|nen
das Boot, die Boo|te
die Box, die Bo|xen
    braun
    breit
der Brief, die Brie|fe
    brin|gen, du bringst,
    er brach|te
das Bröt|chen,
    die Bröt|chen
der Bru|der, die Brü|der
das Buch, die Bü|cher
die Buch|händ|le|rin, die
    Buch|händ|le|rin|nen
    bürs|ten, du bürs|test
die But|ter

C c

der Co|mic, die Co|mics
der Com|pu|ter,
    die Com|pu|ter
der Cow|boy,
    die Cow|boys

D d

    da
    da|nach
    dan|ken, du dankst
    da|rin
    da|rü|ber
    das
    dau|ern, es dau|ert
die De|cke, die De|cken

dein
dem
den
der
dick
die
der **Dieb**, die Die|be
di|rekt
die **Do|se**, die Do|sen
der **Draht**, die Dräh|te
drau|ßen
du
dun|kel
dünn
dür|fen, du darfst,
sie durf|te

E e

e|ckig
das **Ei**, die Ei|er
ein
ein|fal|len, es fiel mir
ein
ein|kau|fen,
du kaufst ein
das **Eis**
ei|sig
die **El|tern**
das **En|de**, die En|den
end|lich
ent|de|cken,
du ent|deckst
er
die **Er|de**
das **Er|leb|nis**,
die Er|leb|nis|se
er|rei|chen,
du er|reichst
erst
er|zäh|len, du er|zählst

es
es|sen, du isst, er aß
et|was

F f

fah|ren, du fährst,
sie fuhr
fal|len, du fällst, er fiel
falsch
die **Fa|mi|lie**, die Fa|mi|li|en
fan|gen, du fängst,
sie fing
die **Far|be**, die Far|ben
die **Fee**, die Feen
feh|len, du fehlst
der **Feind**, die Fein|de
das **Fens|ter**, die Fens|ter
die **Fe|ri|en**
der **Fern|se|her**,
die Fern|se|her
fer|tig
das **Fest**, die Fes|te
fest|hal|ten,
du hältst fest,
er hielt fest
fin|den, du fin|dest,
er fand
der **Fin|ger**, die Fin|ger
flie|gen, du fliegst,
sie flog
flie|ßen, es fließt,
es floss
die **Flö|te**, die Flö|ten
der **Fluss**, die Flüs|se
flüs|tern, du flüs|terst
fra|gen, du fragst
die **Frau**, die Frau|en
fremd
fres|sen, es frisst,
es fraß

sich freu|en, du freust dich
der **Freund**, die Freun|de
die **Freun|din**,
die Freun|din|nen
frie|ren, du frierst,
er fror
froh
früh
der **Früh|ling**
das **Früh|stück**
der **Fuchs**, die Füch|se
füh|len, du fühlst
füh|ren, du führst
für
der **Fuß**, die Fü|ße
füt|tern, du füt|terst

G g

die **Gans**, die Gän|se
ganz
der **Gar|ten**, die Gär|ten
ge|ben, du gibst,
sie gab
der **Ge|burts|tag**,
die Ge|burts|ta|ge
das **Ge|dicht**,
die Ge|dich|te
die **Ge|fahr**,
die Ge|fah|ren
ge|fal|len, es ge|fällt,
es ge|fiel
ge|hen, du gehst,
er ging
ge|hö|ren, es ge|hört
gelb
das **Ge|räusch**,
die Ge|räu|sche
gern
das **Ge|schenk**,
die Ge|schen|ke

die Ge|schich|te,
die Ge|schich|ten
das Ge|spräch,
die Ge|sprä|che
gestern
das Glas, die Glä|ser
der Glo|bus, die Glo|ben/
die Glo|bus|se
das Glück
das Gold
gra|ben, du gräbst,
sie grub
grün
grü|ßen, du grüßt
gu|cken, du guckst
gut

H h

ha|ben, du hast,
er hat|te
hal|ten, du hältst,
sie hielt
die Hand, die Hän|de
han|deln, du han|delst
hän|gen, du hängst,
er hing
hart
das Haus, die Häu|ser
die Haut, die Häu|te
das Heft, die Hef|te
hel|fen, du hilfst,
sie half
hell
der Herbst
he|rum
heu|te
die Hil|fe, die Hil|fen
hin|ter
ho|len, du holst
der Ho|nig

hö|ren, du hörst
der Hund, die Hun|de
hung|rig
hüp|fen, du hüpfst

I i

ich
die I|dee, die I|de|en
der I|gel, die I|gel
im
im|mer
in
die In|sel, die In|seln
in|te|res|sant
sich in|te|res|sie|ren,
du in|te|res|sierst dich
ist, es ist kalt

J j

ja
das Jahr, die Jah|re
die Jeans
je|der
je|mand
jetzt
jung
der Jun|ge, die Jun|gen

K k

kalt
die Kat|ze, die Kat|zen
kau|fen, du kaufst
ken|nen, du kennst,
er kann|te
das Kind, die Kin|der
kit|zeln, du kit|zelst

die Klas|se, die Klas|sen
klein
klin|gen, es klingt,
es klang
der Knopf, die Knöp|fe
ko|chen, du kochst
kom|men,
du kommst, sie kam
kön|nen, du kannst,
er konn|te
der Kopf, die Köp|fe
der Korb, die Kör|be
krank
krie|gen, du kriegst
die Kü|che, die Kü|chen
kurz

L l

la|chen, du lachst
das Land, die Län|der
lang
lang|sam
lang|wei|lig
las|sen, du lässt,
sie ließ
lau|fen, du läufst,
er lief
laut
le|ben, du lebst
le|cker
leer
der Leh|rer, die Leh|rer
die Leh|re|rin,
die Leh|re|rin|nen
leicht
lei|se
le|sen, du liest, sie las
die Leu|te
das Licht, die Lich|ter
lie|ben, du liebst

das **Lied**, die Lie|der
los|ge|hen, du gehst los, er ging los
die **Luft**, die Lüf|te
lus|tig

M m

ma|chen, du machst
das **Mäd|chen**, die Mäd|chen
ma|len, du malst
die **Ma|ma**, die Ma|mas
der **Mann**, die Män|ner
die **Mar|me|la|de**, die Mar|me|la|den
die **Maus**, die Mäu|se
das **Meer**, die Mee|re
mehr
mein
der **Mensch**, die Men|schen
mich
mil|chig
mit
die **Mit|te**
mög|lich
mor|gen
der **Müll**
der **Mund**, die Mün|der
müs|sen, du musst
die **Mut|ter**, die Müt|ter

N n

der **Nach|bar**, die Nach|barn
der **Nächs|te**, die Nächs|ten
die **Nacht**, die Näch|te

der **Na|me**, die Na|men
näm|lich
die **Na|se**, die Na|sen
nass
neh|men, du nimmst, sie nahm
nein
nicht
noch
nun

O o

oh|ne
das **Ohr**, die Oh|ren
die **O|ma**, die O|mas
der **On|kel**, die On|kel
der **O|pa**, die O|pas
ord|nen, du ord|nest
der **O|ze|an**, die O|ze|a|ne

P p

pa|cken, du packst
der **Pa|pa**, die Pa|pas
das **Pa|pier**, die Pa|pie|re
der **Park**, die Parks
pas|sen, es passt
pas|sie|ren, es pas|siert
das **Pferd**, die Pfer|de
pflan|zen, du pflanzt
das **Pflas|ter**, die Pflas|ter
der **Pin|gu|in**, die Pin|gu|i|ne
der **Platz**, die Plät|ze
plat|zen, er platzt
die **Po|li|zei**
der **Po|li|zist**, die Po|li|zis|ten
das **Po|ny**, die Po|nys

die **Post**
der **Pul|lo|ver**, die Pul|lo|ver

Q q

qua|ken, es quakt
die **Qual|le**, die Qual|len
quat|schen, du quatschst
quen|geln, du quen|gelst
quer
der **Quirl**, die Quir|le
das **Quiz**

R r

das **Rad**, die Rä|der
ra|ten, du rätst, er riet
der **Raum**, die Räu|me
der **Re|gen**
reg|nen, es reg|net
reich
die **Rei|se**, die Rei|sen
rei|ten, du rei|test, sie ritt
ren|nen, du rennst, er rann|te
rich|tig
rie|chen, du riechst, sie roch
der **Rie|se**, die Rie|sen
rie|seln, es rie|selt
der **Rock**, die Rö|cke
die **Rol|le**, die Rol|len
die **Ro|se**, die Ro|sen
rot
ru|hig
rund

S s

sa|gen, du sagst
sal|zig
sam|meln, du sam|melst
der Sand
schau|keln, du schau|kelst
schei|nen, sie scheint, sie schien
schi|cken, du schickst
das Schiff, die Schif|fe
das Schild, die Schil|der
schla|fen, du schläfst, er schlief
schlank
schlei|chen, du schleichst, sie schlich
schlep|pen, du schleppst
schließ|lich
schlu|cken, du schluckst
schme|cken, es schmeckt
der Schmet|ter|ling, die Schmet|ter|lin|ge
der Schnee
schnell
schön
der Schrank, die Schrän|ke
schrei|ben, du schreibst, er schrieb
der Schuh, die Schu|he
die Schu|le, die Schu|len
schwei|gen, du schweigst, sie schwieg

die Schwes|ter, die Schwes|tern
schwim|men, du schwimmst, er schwamm
sechs
der See, die Seen
se|hen, du siehst, sie sah
sehr
sein
sich
sie
sin|gen, du singst, er sang
sit|zen, du sitzt, sie saß
der Ski, die Ski|er
so
sol|len, du sollst
der Som|mer
der Spaß, die Spä|ße
spa|zie|ren, du spazierst
das Spiel, die Spie|le
spie|len, du spielst
spitz
die Spra|che, die Spra|chen
spre|chen, du sprichst, er sprach
sprin|gen, du springst, sie sprang
sprit|zen, du spritzt
die Stadt, die Städ|te
stark
die Stel|le, die Stel|len
stel|len, du stellst
der Stern, die Ster|ne
der Stie|fel, die Stie|fel
still

der Stock, die Stö|cke
der Strand, die Strän|de
die Stra|ße, die Straßen
strei|cheln, du strei|chelst
sich strei|ten, du streitest dich, er stritt sich
strie|geln, du strie|gelst
der Strumpf, die Strümp|fe
der Stuhl, die Stüh|le
der Süd|pol
süß

T t

der Tag, die Ta|ge
die Tan|te, die Tan|ten
die Tas|se, die Tas|sen
tas|ten, du tas|test
tau|chen, du tauchst
das Ta|xi, die Ta|xis
tei|len, du teilst
das Te|le|fon, die Te|le|fo|ne
tief
das Tier, die Tie|re
der Traum, die Träu|me
träu|men, du träumst
trau|rig
tref|fen, du triffst, sie traf
tre|ten, du trittst, er trat
trin|ken, du trinkst, sie trank
tro|cken
das T-Shirt, die T-Shirts
tur|nen, du turnst

U u

- die **Uhr**, die Uh|ren
- **um**
- **und**
- **uns**
- **un|ter|wegs**
- **ur|alt**
- der **Ur|laub**, die Ur|lau|be

V v

- der **Va|ter**, die Vä|ter
- **ver|ges|sen**, du ver|gisst, er ver|gaß
- der **Ver|käu|fer**, die Ver|käu|fer
- **ver|kehrt**
- **ver|le|gen**, du ver|legst
- sich **ver|let|zen**, du ver|letzt dich
- **ver|schie|den**
- **ver|ste|cken**, du ver|steckst
- **ver|ste|hen**, du ver|stehst, sie ver|stand
- sich **ver|tra|gen**, du ver|trägst dich, er ver|trug sich
- **viel**
- **viel|leicht**
- **vier**
- der **Vog|el**, die Vö|gel
- **von**
- **vor**
- **vor|bei**
- **vor|schla|gen**, du schlägst vor, sie schlug vor
- **vor|sich|tig**
- sich **vor|stel|len**, du stellst dir vor

W w

- **wach|sen**, du wächst, er wuchs
- der **Wald**, die Wäl|der
- **warm**
- **war|ten**, du war|test
- **was**
- **wa|schen**, du wäschst, sie wusch
- das **Was|ser**
- der **Weg**, die We|ge
- **weich**
- **Weih|nach|ten**
- **wei|nen**, du weinst
- **wei|ter|ge|hen**, du gehst wei|ter, er ging weiter
- die **Welt**
- **wer**
- **wich|tig**
- **wie**
- **wie|der**
- **wie|hern**, es wie|hert
- die **Wie|se**, die Wie|sen
- der **Wind**, die Win|de
- der **Win|ter**
- **wir**
- **wis|sen**, du weißt, sie wuss|te
- **wo**
- **wohl**
- **woh|nen**, du wohnst
- die **Woh|nung**, die Woh|nun|gen
- das **Wort**, die Wör|ter
- der **Wunsch**, die Wün|sche
- **wün|schen**, du wünschst
- die **Wut**
- **wü|tend**

X x

Y y

Z z

- die **Zahl**, die Zah|len
- der **Zahn**, die Zäh|ne
- die **Zeit**, die Zei|ten
- die **Zei|tung**, die Zei|tun|gen
- das **Zelt**, die Zel|te
- **zer|bre|chen**, es zer|bricht, es zer|brach
- das **Zim|mer**, die Zim|mer
- der **Zoo**, die Zoos
- **zu**
- **zu|frie|den**
- **zum**
- die **Zun|ge**, die Zun|gen
- **zur**
- **zu|sam|men**
- der **Zwerg**, die Zwer|ge

Buchstaben, Wörter und Sätze

Buchstaben und Laute

A B C D E F G
H I J K L M N O P
Q R S T U V W
X Y Z

Das ist das **ALPHABET**.
Mit diesen 26 Buchstaben
kann man alles aufschreiben.

Ich höre den Laut. Ich sehe den Buchstaben.

A E I O U

Das sind **SELBSTLAUTE** (Vokale).
Sie klingen **selbst**.

B C D F G H
J K L M
N P Q R S
T V W X Y Z

Das sind **MITLAUTE** (Konsonanten).
Beim Sprechen klingt ein anderer Laut **mit**.

In manchen Wörtern klingt das y selbst: Baby.

| die Ratten | wir raten |
| offen | der Ofen |

Selbstlaute können **kurz** oder **lang** klingen. → Seite 19

| die Wiese | lieben |

Wenn das **i** lang klingt,
steht meistens ein **e** dahinter. → Seite 75

Ä Ö Ü

Die Selbstlaute **a, o, u** können zu
UMLAUTEN ä, ö, ü werden.

der Maulwurf – die Maulwürfe

AU ÄU EI EU

Das sind **ZWIELAUTE**.
Aus zwei Lauten ist ein neuer Laut geworden.

Silben

| Maul - wurfs - hü - gel |

Wörter haben **SILBEN**. → Seite 9

In jeder Silbe steckt ein Selbstlaut, ein Umlaut oder ein Zwielaut.

Wörter mit zwei oder mehr Silben kann man
mit **TRENNUNGSSTRICHEN** trennen.

das NOMEN (das Namenwort)   der ARTIKEL (der Begleiter)

Die Wortarten

Vater Mutter Kind
Heft Stift Block
Maulwurf Blume

NOMEN (Namenwörter)
gibt es für Menschen, Dinge, Tiere und Pflanzen.

Nomen werden mit <u>großem Anfangsbuchstaben</u> geschrieben.

der Maulwurf

Nomen (Namenwörter) stehen in der **Einzahl**

die Maulwürfe

oder in der **Mehrzahl**.

ARTIKEL (Begleiter)
begleiten die Nomen.

der die das

Es gibt **bestimmte** Artikel: der Maulwurf

ein eine

Es gibt **unbestimmte** Artikel: ein Maulwurf

Aus **der** Fuchs
und **der** Bau
wird **der** Fuchsbau.

Aus zwei Nomen (Namenwörtern) kann
ein **zusammengesetztes Nomen** (Namenwort) entstehen.

Aus **der** Vogel
und **das** Nest
wird **das** Vogelnest.

Aus **die** Nadel
und **der** Baum
wird **der** Nadelbaum.

Aus **das Maul**
und **der Wurf**
wird
der Maulwurf.

das VERB
(das Tuwort)

`spielen` `springen`

Das **VERB** (Tuwort) sagt, was jemand tut oder was geschieht.

Verben haben eine **Grundform**

`springen`

und eine **Personalform**.

ich	spring	e
du		st
er		t
wir		en
ihr		t
sie		en

Wortstamm Endung

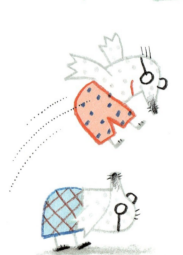

Es regnet. Wer **tut** denn so was?

`er` `springt`
`er` `sprang`
`er` `reist`
`er` `reiste`

Verben kommen in verschiedenen **Zeitformen** vor. Sie zeigen an, **wann** etwas geschieht. ↱ Seite 72

Präteritum (Vergangenheit)	**Präsens** (Gegenwart)
Früher `reisten` viele Menschen mit der Postkutsche.	Heute `reisen` viele Menschen mit dem Auto.

134

das PERSONALPRONOMEN (das perönliche Fürwort)   **das ADJEKTIV** (das Wiewort)

ich
du
er sie es
wir
ihr
sie

PERSONAL**PRONOMEN** ➞ Seite 49
(persönliche Fürwörter) können
Nomen (Namenwörter) ersetzen.

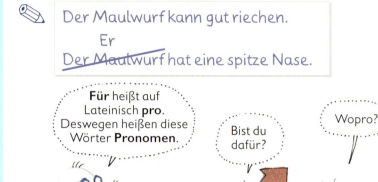

Der Maulwurf kann gut riechen.
     Er
Der ~~Maulwurf~~ hat eine spitze Nase.

schwarz klein
blind schlau
flink langsam

Das **ADJEKTIV** (Wiewort)
sagt, **wie** etwas ist.

Der Maulwurf ist schwarz .

der schwarze Maulwurf

Die meisten Adjektive
kann man steigern. ➞ Seite 50

schnell
schneller
am schnellsten

Grundform
Vergleichsstufe
Höchststufe

Pinguine schwimmen
so schnell wie
Delfine.

Mit Adjektiven kann man
etwas vergleichen. ➞ Seite 51

135

Der Satz

 Wir möchten etwas über Maulwürfe wissen.

Sita und Simon

Satzanfänge werden großgeschrieben.
Am Satzende steht ein **SATZZEICHEN**.

Wie finden sich Maulwürfe im Dunkeln zurecht?

Das ist ein **FRAGESATZ**.
Nach einem Fragesatz steht ein **FRAGEZEICHEN**.

Maulwürfe haben feine Tasthaare.

Das ist ein **AUSSAGESATZ**.
Nach einem Aussagesatz steht ein **PUNKT**.

Halt!
Tritt nicht auf den Maulwurfshügel!

Das ist ein **AUSRUF**.

Das ist ein **AUFFORDERUNGSSATZ**.
Nach einem Ausruf oder einem Aufforderungssatz steht oft ein **AUSRUFEZEICHEN**. ⟶ Seite 25

Satzglieder

Momo zeigt auf den Maulwurfshügel.

In fast jedem Satz gibt es ein Satzglied, das sagt, **wer (oder was)** etwas tut.
Dieses Satzglied heißt
SUBJEKT (Satzgegenstand). ⟶ Seite 63

Momo	zeigt	auf den Maulwurfshügel	.
Subjekt	Prädikat		

Wer zeigt auf den Maulwurfshügel?

Momo (zeigt) auf den Maulwurfshügel.

Das Satzglied, das sagt,
was jemand tut oder
was geschieht, heißt
PRÄDIKAT (Satzaussage). ⟶ Seite 88

Was tut Momo?

Sätze mit wörtlicher Rede

Der Maulwurf sagt:
„Ich habe heute noch nichts gefressen."

Was in Sätzen wörtlich gesprochen wird, nennen wir **WÖRTLICHE REDE**. ↱ Seite 55

In Texten steht die wörtliche Rede in **REDEZEICHEN**.

Am Anfang der wörtlichen Rede steht das Redezeichen unten:
„Ich …

Am Ende der wörtlichen Rede steht das Redezeichen oben:
… gefressen."

Der **BEGLEITSATZ** zeigt, wer spricht.

Der Maulwurf sagt:
„Es wird Zeit einen Imbiss zu sich zu nehmen."

Der Begleitsatz kann **vor** der wörtlichen Rede stehen.

„Es wird Zeit einen Imbiss zu sich zu nehmen.", sagt der Maulwurf.

Der Begleitsatz kann aber auch **nach** der wörtlichen Rede stehen.

„Es wird Zeit", sagt der Maulwurf, „einen Imbiss zu sich zu nehmen."

Manchmal steht der Begleitsatz auch **zwischen** der wörtlichen Rede.

Einheiten	Mündliches Sprachhandeln	Umgang mit Texten und Medien	Schriftliches Sprachhandeln
Wieder in der Schule Seite 6 – 13	von Ferienerlebnissen erzählen; Gesprächsverhalten reflektieren; Gesprächsregeln vereinbaren; einen Klassenrat einrichten; von Lieblingszahlen erzählen; Gesprächsform „Blitzlicht" kennen lernen; über Strittiges diskutieren	Kindertexte als Anregung für eigene Texte nutzen; Artikelüberschrift diskutieren	Textentwürfe vergleichen; Vorschläge notieren; Vorsatz für eigenes Gesprächsverhalten formulieren; eine Zahlengeschichte schreiben
Familienbilder Seite 14 – 21	Eindrücke und Einfälle (zu Familienbild) äußern; Bildsprache deuten; Bildaussagen im szenischen Spiel (Standbild) erschließen; Dargestelltes beobachten, besprechen und weiterentwickeln; Dialoge entwickeln; sich über Textverständnis austauschen	Gedicht verstehend lesen und als Schreibanregung nutzen; Comic: zur Erheiterung lesen, wie eine Konfliktsituation sprachlich gemeistert wird; ein Rätsel (Denksportaufgabe) lösen	ein Bild beschreiben; Geschriebenes vergleichen; ein Gespräch aufschreiben; analog zu einem Gedicht einen eigenen Text planen, überarbeiten; Sätze zum Text ordnen; Erinnerungen zu einem Foto schreiben; einen Text nach eigener Vorstellung ergänzen
Vom Wohnen Seite 22 – 29	sich über ungewöhnliche Wohnformen verständigen; Vermutungen über andere Lebensformen anstellen; Vorwissen austauschen; Texteindrücke formulieren, begründen	unverstandene Wörter aus einem Text herausschreiben; einem Lexikontext Informationen entnehmen; Wortbedeutungen gemeinsam klären; im Lexikon nachschlagen; Fragen zu einem Text aufschreiben; Texteindrücke austauschen; literarischen Text als Schreibanregung nutzen; Gedichtzeilen ordnen	Satzglieder umstellen als Überarbeitungsverfahren kennen lernen; Sätze schreiben (über Aktivitäten im eigenen Zimmer); kreativ-stilistisches Schreiben in Anlehnung an Textvorlage (Türschild); Geschriebenes vergleichen und kommentieren
Essen und Trinken Seite 30 – 37	sich über Frühstücksgewohnheiten verständigen; Vorwissen austauschen; szenisch darstellen, dabei Wörter einer anderen Sprache verwenden	Textform „Rezept" kennen lernen; Textentwürfe kommentieren; eine Bildfolge mit italienischem Dialog erschließen; Internetadressen nutzen	einen Vorgang beschreiben; Schreibideen zusammentragen; Analogtext zu einem Gedicht schreiben; Textentwürfe kommentieren; mit Schrift gestalten
Können wir Freunde sein? Seite 38 – 45	Szene (Foto) als Standbild darstellen; sich über Gedanken und Gefühle während des Spiels verständigen; Ansichten austauschen	zum (provozierenden) Verhalten einer Comic-Figur Stellung nehmen; Vermutungen zum Inhalt eines Buches äußern; Fragen zum Verständnis eines literarischen Textes beantworten; ein Gedicht ergänzen (Reimwörter)	einen Gedichttext aus Wortangebot bzw. nach eigener Vorstellung ergänzen; eine freundliche Mitteilung schreiben; Schreibgespräch kennen lernen und durchführen; Brief aus der Sicht einer literarischen Figur schreiben; Anschrift normgerecht schreiben
Im Winter Seite 46 – 53	(Winter-)Illustration als Gesprächsanlass nutzen; von eigenen Erfahrungen erzählen; Einfälle zusammentragen; sich über Texteindrücke verständigen	Gedicht und Sachtext vergleichen, dabei unterschiedliche sprachliche Mittel (Wortwahl und Satzbau) erkennen; Texte kommentieren; Rätsel lösen	Cluster-Verfahren zur Sammlung von Schreibideen kennen lernen; Schreibidee auswählen, erlebnisorientierten Text schreiben; Text überarbeiten
Wünschen und Träumen Seite 54 – 61	von Tag- und Nachtträumen erzählen; aufmerksam zuhören, Gehörtes wiedergeben; Dialoge szenisch umsetzen; gemeinsam erzählen: zu Lernwörtern eine Geschichte erfinden; Ideen zusammentragen (für Lesetagebuch)	sich von einem Textausschnitt (Kinderbuch) zur Erfindung von Bezeichnungen für Träume anregen lassen; Texte kommentieren; Gedichtzeilen ergänzen; zu einem Gedicht zeichnen	Handlungen und Dialoge für Spielszenen aufschreiben; kreativ-stilistisches Schreiben: Namen für Träume erfinden; zu erfundenen Traumnamen Texte schreiben; Texte für Lesetagebücher vergleichen; Text für ein Lesetagebuch schreiben

KÖNNEN LINKSHÄNDER RECHTSCHREIBEN?

Rechtschreiben	Sprache reflektieren	Arbeitstechniken/ Übungsformen	Anregungen für die Weiterarbeit
Wörter trennen; Regel für Wörter mit doppeltem Mitlaut kennen lernen; Lernwörter mit dem Wegezeichen ▲ nach Silben trennen; Wiederholung: Großschreibung der Satzanfänge und der Nomen; Wörter nach Silben trennen; Wörter mit **St/st**; Nomen in Einzahl und Mehrzahl; Abschreibübung/Partnerdiktat	über Gespräche und Gesprächsverhalten nachdenken; Wiederholung der Begriffe für Wortarten: Nomen, Adjektiv; mit Adjektiven beschreiben	Lernwörter mit dem Wegezeichen ▲ nach Silben trennen; Gesprächsform *Blitzlicht*; Abschreibübung/ Partnerdiktat	für eigenes Gesprächsverhalten Gesprächskarte schreiben
Wiederholung: Üben mit dem Merkwörterstern ✸; üben mit dem Wegezeichen ● (orthografische Strategie); Wörter mit **h** als Dehnungszeichen; Wörter in der Wörterliste auffinden; Abschreibübung/Partnerdiktat	Wiederholung der Wortart Verb; Wiederholung der Wortart Adjektiv; Adjektive Nomen zuordnen; Nomen in die Mehrzahl setzen; Verben in die Grundform setzen; mit Adjektiven Gegensatzpaare bilden	Üben nach dem Merkwörterstern ✸; Üben nach dem Wegezeichen ● (orthografische Strategie); Abschreibübung/ Partnerdiktat	Pinnwand mit Fotos und Texten gestalten
Wiederholung der Großschreibung am Satzanfang; Wiederholung: Üben mit dem Wegezeichen ■ (morphematische Strategie); **d** oder **t** am Wortende; Abschreibübung/Partnerdiktat	Wiederholung: Fragesatz; Wiederholung: Wortfamilie; Wortbildung mit *wohn*; Ausrufezeichen nach Aufforderungen und Ausrufen; Wortfamilie *HAUS*; Verben mit dem Wortstamm *fahr*	Informationen ermittelndes Lesen: Fragen zu Text beantworten; Fragen zu Text stellen; Nachschlagen im Lexikon; Lernwörter strategiegeleitet üben; Abschreibübung/ Partnerdiktat	Türschild (am Computer) gestalten
Adjektive mit **-ig** (Ableitungen); Wörter in der Wörterliste suchen; Lernwörter strategiegeleitet üben; Wörter mit **nk**; Abschreibübung/Partnerdiktat	aus Nomen und Verben Adjektive mit der Endung **-ig** bilden; beim szenischen Spiel Wörter einer anderen Sprache verwenden; Wiederholung: Verben in der Personalform; Sprachspiel: Sätze bilden aus Komposita; Wortfeld *essen*; Sprachspiel: Wörter verändern durch Austausch von Vokalen	Internetadressen nutzen; Lernwörter strategiegeleitet üben; Abschreibübung/ Partnerdiktat	Frühstücksrezepte sammeln; sich über Essgewohnheiten in anderen Ländern informieren; Frühstückswörter in anderen Sprachen sammeln
Text rechtschriftlich überarbeiten mithilfe der Strategiezeichen; Rechtschreibgespräch führen; Lernwörter strategiegeleitet üben; Wörter mit **ng** und **nk**; Wörter mit Wortstamm *TRAG*; Wörter im Wörterbuch auffinden; Wörter mit **Qu**; Wörter alphabetisch nach dem 2. Buchstaben ordnen; Abschreibübung/Partnerdiktat	über Schimpf- und Kosenamen nachdenken; über Briefanfänge und Briefschluss-Sätze nachdenken; Wortfamilien *Frieden* und *Liebe*; zusammengesetzte Nomen bilden	Schreibgespräch; Informationen ermittelndes Lesen: Fragen zu Text beantworten; Abschreibübung/ Partnerdiktat	Sammlung mit Brief-Schluss-Sätzen anlegen; Briefumschläge gestalten
Lernwörter strategiegeleitet üben; Wörter mit **ee**; in der Wörterliste nachschlagen; Abschreibübung/Partnerdiktat	Einführung der Personalpronomen; Pronomen verwenden; Steigerung der Adjektive; Adjektive und „Vergleichswörter"; Adjektive und Nomen verbinden; zusammengesetzte Adjektive bilden	Cluster-Verfahren zur Sammlung von Schreibideen; Lernwörter strategiegeleitet üben; Abschreibübung/ Partnerdiktat	Wandzeitung gestalten
Zeichen der wörtlichen Rede verwenden; einen Text auf normgerechtes Schreiben hin untersuchen; Rechtschreibhilfe: verwandte Wörter suchen; Lernwörter strategiegeleitet üben; Abschreibübung/Partnerdiktat	wörtliche Rede und Begleitsatz kennen lernen; Wortfeld *sagen*; Einführung abstrakter Nomen; zu Verben und Adjektiven Nomen bilden; Wortbildung mit Wortstamm *TRAUM/TRÄUM*; Wörter mit **ä/äu**; Nomen und Begleiter in Text auffinden	Lernwörter strategiegeleitet üben; Abschreibübung/ Partnerdiktat	Lesetagebuch führen

Einheiten	Mündliches Sprachhandeln	Umgang mit Texten und Medien	Schriftliches Sprachhandeln
Berufe Seite 62 – 69	Vorkenntnisse über Berufe zusammentragen; sich über die Bedeutung des Lesens und Schreibens in unterschiedlichen Berufen verständigen; sich austauschen über Berufswünsche	einem Text Informationen (über Berufe und Berufsbezeichnungen) entnehmen; Fragen zu einem Text beantworten; Erfahren, dass auch Schriftsteller ihre Texte überarbeiten; Textüberarbeitungen kommentieren; Zeilen eines Gedichtes ordnen	ein kurzes Gespräch entwerfen, dabei Schreibhinweise beachten; eine Schreibkonferenz durchführen
Mit Pferden leben Seite 70 – 77	über die eigene Beziehung zu Pferden ins Gespräch kommen; Interessen zum Ausdruck bringen; Texteindrücke vergleichen	Sachtexten Informationen entnehmen; literarische Texte vergleichen; eine Bildfolge inhaltlich erschließen	Meinungen und Einstellungen schriftlich festhalten; Textaussagen notieren; Dialog zwischen literarischen Figuren erfinden
Frühling Seite 78 – 85	Bildeindrücke austauschen; sich über Texteindrücke verständigen; Fachbegriffe erklären	Bildeindrücke austauschen; Texte kommentieren; Texten Informationen entnehmen	Wörter zu einem Bild sammeln (beschreiben, assoziieren); Wörter sprachspielerisch einander zuordnen; Frühlingsgedicht verfassen; aus einem Text (Brief) als gelungen empfundene Sätze herausschreiben; Auswahl begründen; einen Vorgang protokollieren (Bohnentagebuch); einen Bericht schreiben, Schreibhinweise beachten
Wege gehen Seite 86 – 93	zu einer Bildfolge Wahrgenommenes sowie Vorwissen austauschen; sich zu Bildern und Text sachbezogen verständigen; Erzählwege planen	Erzählstrukturen (Erzählwege) in Texten erkennen; Gedicht mit Reimwörtern ergänzen; Teile von Sprichwörtern zuordnen	aus Wortangebot Sätze bilden; eine Geschichte mit Erzählhilfe (Erzählweg) planen und aufschreiben; mit Schrift gestalten; eine Geschichte fortsetzen
Vom Wasser Seite 94 – 101	sich über Bildeindrücke verständigen; gut zuhören, Gehörtes wiedergeben; zu eigenen Einfällen (Erzählkarten) Erlebtes erzählen	(Kinder)texte vergleichen, Einsicht in den Textaufbau gewinnen; einem Sachtext Informationen entnehmen; Gedichtzeilen aus Wortangebot ergänzen	Einfälle sammeln, auf Erzählkarten schreiben; Schreibideen für eigene Texte nutzen; aus Wortangebot Sätze bilden; umgestaltendes Nacherzählen: in der Ich-Form aus unterschiedlicher Perspektive schreiben; Schreibhinweise beachten; eine Schreibkonferenz durchführen; mit Schrift gestalten; Umstellprobe als Überarbeitungsmöglichkeit für Texte erproben
Spiele früher – Spiele heute Seite 102 – 109	sich über Bildeindrücke (Kinderspiele früher) verständigen; ein Ballspiel erklären; sich über Kinderkleidung früher und heute austauschen; Schreibergebnisse vorstellen; Gedicht sprechgestaltend vortragen; Ansichten äußern über Rollenerwartungen (und -klischees)	eine historische Darstellung (Bruegel) spielerisch erschließen; Internetadresse nutzen; ein Gedicht sprechgestaltend interpretieren	erdachtes Ereignis erzählen; Texte vergleichen und kommentieren; eine Tabelle (zu Kinderkleidung früher/heute) anlegen

Rechtschreiben	Sprache reflektieren	Arbeitstechniken/ Übungsformen	Anregungen für die Weiterarbeit
Großschreibung des Anredepronomens *Sie*; Zeichen der wörtlichen Rede einsetzen; Abschreibübung/Partnerdiktat	Wortbausteine **ver-** und **vor**; Satzglied Subjekt kennen lernen; Wortfeld *sagen*; Sätze umstellen; Wortfamilie HAND	Lernwörter strategiegeleitet üben; Nachschlagen in der Wörterliste Abschreibübung/ Partnerdiktat	Bilder zu Berufswünschen malen; Schreibkonferenzen durchführen
Erweiterung der morphematischen Strategie um Präteritumform der Verben; Wortstamm der unregelmäßigen Verben im Präteritum; lang/kurz gesprochener **i**-Laut; **ie**-Schreibung; Lernwörter strategiegeleitet üben; Abschreibübung/Partnerdiktat	nonverbale Verständigung: Körpersprache von Pferden deuten; Zeitformen des Verbs unterscheiden; Wortfamilie PFERD; Wiederholung: Personalformen des Verbs; Zuordnung: Verben in Präsens und im Präteritum	Lernwörter strategiegeleitet üben; Abscheibübung/ Partnerdiktat	Bilder und Texte über Pferde sammeln und zu einem Buch zusammenstellen
Veränderung des Adjektivs bei Steigerungen; Wörter mit **ng/nk**; Wörter mit **h** als Dehnungszeichen; Lernwörter strategiegeleitet üben; Abschreibübung/Partnerdiktat	beschreibende und vergleichende Funktion des Adjektivs kennen lernen; kalendarische Begriffe klären; Wiederholung: Mehrzahl der Nomen; Wortbildung (Wortstämme *fahr/nehm/zahl*)	Textstellen herausschreiben; Lernwörter strategiegeleitet üben; Abschreibübung/ Partnerdiktat	Frühlingslieder und -gedichte sammeln; Frühlings-Zeitleiste anlegen; Pflanzversuch durchführen
Lernwörter strategiegeleitet üben; einen Text rechtschriftlich überarbeiten mithilfe der Strategiezeichen; Abschreibübung/Partnerdiktat	Satzglied Prädikat kennen lernen; Wortfeld *gehen*; Verben in die Vergangenheitsform setzen; Verben in der Personalform einsetzen; Wortbildung mit Wortbaustein WEG; Satzglieder umstellen; Prädikat kennzeichnen; Fragesätze bilden	Lernwörter strategiegeleitet üben; Text rechtschriftlich überarbeiten mithilfe der Strategiezeichen; Abschreibübung/ Partnerdiktat	Erzählkartei anlegen mit Figuren, Orten, Ereignissen
stimmhaften und stimmlosen **s**-Laut unterscheiden (**s/ß**); anhand von Beispielen über historische Rechtschreibung nachdenken; Lernwörter strategiegeleitet üben; Abschreibübung/Partnerdiktat	Wortfeld *Wasser*; Wortfeld *fließen*; anderen Sprachen begegnen: Bedeutung eines türkischen Namens kennen lernen; Satzglieder umstellen; zusammengesetzte Nomen bilden	kriterienbezogene Schreibkonferenz vorbereiten, durchführen; Abschreibübung/ Partnerdiktat	zum Thema *Wasser* Bilder sammeln, Bilder malen, zu Bildern schreiben; Schreibkonferenzen durchführen
Lernwörter strategiegeleitet üben; Wörter alphabetisch ordnen; Ableiten: Umlaute bei der Mehrzahlbildung von Nomen; Abschreibübung/Partnerdiktat	Fachbegriffe erklären; Verkleinerungsformen **-chen** und **-lein** in einem Text als Ausdrucksmittel verstehen; Komposita bilden; Begriffe für Bekleidungsstücke in anderen Sprachen zusammentragen; Verben in zusammengesetzten Nomen auffinden; Sprachspiel: Wortumkehr bei Komposita	Lernwörter strategiegeleitet üben; Abschreibübung/ Partnerdiktat	Informationen (über Kleidung früher) erfragen und weitergeben

Einheiten	Mündliches Sprachhandeln	Umgang mit Texten und Medien	Schriftliches Sprachhandeln
Hörgeschichten Seite 110 – 117	Inhalt einer Bildfolge durch szenische Darstellung erschließen; verbale und nonverbale Mitteilungen vergleichen; Telefonieren als besondere Form des Gesprächs beschreiben; Wortbedeutungen erklären; stimmliche Mittel bewusst verwenden	einem Sachtext und Illustrationen Informationen entnehmen; Fachbegriffe nachschlagen; Strukturelemente des Hörspiels kennen lernen; nach einem literarischen Text (Dschungelbuch) ein Hörspielskript schreiben; nach Anleitung und experimentell Geräusche erzeugen; informationsentnehmendes Lesen: zu einem Text Fragen stellen/beantworten; Gedicht aus Wortangeboten ergänzen; Text (Witz) rekonstruieren	Erzähltext nach Anleitung in ein Hörspielskript umschreiben, weiterschreiben; Fragen zu Sachtext schriftlich beantworten
Aus aller Welt Seite 118 – 125	sich verständigen über Interessen im Hinblick auf Sprachen und Schriften; Vorwissen über andere Kulturen und Lebensweisen einbringen; Begrüßungsformen szenisch darstellen; sich über eigene und fremde Erfahrungen verständigen; Informationen an andere weitergeben	Sachtexten Informationen (über Kinder in anderen Ländern) entnehmen; Textinhalte mit eigenen Erfahrungen verbinden und sich darüber austauschen; Informationen beschaffen, andere informieren; Internetadressen nutzen; bildgestützte Spielanleitung verbalisieren; Schriften vergleichen; Textteile (Gedicht) ordnen	über den eigenen Alltag, das eigene Land schreiben; Informationen zur Weitergabe aufschreiben; eine Spielanleitung fortsetzen; eine Spielanleitung schreiben; Gedicht fortsetzen, dabei anderssprachige Wörter verwenden

Bildquellen

S. 6 Andrea Becker, Köln
S. 11 Barbara Sengelhoff, Köln
S. 12/85 Gerhard Medoch, Berlin
S. 14 akg-images, Berlin
S. 19 Bill Watterson: Calvin and Hobbes. © Watterson. Abdruck mit freundlicher Genehmigung von Universal Press Syndicate. Alle Rechte vorbehalten.
S. 22 Thonig-MAURITIUS, Mittenwald; O'Brien-MAURITIUS, Mittenwald; zefa visual media gmbh/U.K., Düsseldorf
S. 26 Janosch: Türschild © Janosch und Little Tiger Verlag, Hamburg
S. 32 Gerhard Medoch, Berlin
S. 38 Archiv VWV; Andrea Becker, Köln; Archiv VWV; ACE-MAURITIUS, Mittenwald; Pressefoto Michael Seifert, Hannover; Marianne Sommerfeldt, Düsseldorf
S. 40 Aus: Schulz, Charles M.: Wenn du das noch einmal machst … 1956 United Artists Feature Syndicate Inc.
S. 50 getty images Deutschland/John Johnson; Art Wolfe
S. 51 Frans Lanting, Santa Cruz, CA
S. 62 fact-MAURITIUS, Mittenwald; Archiv VWV; Technische Universität München; BARLO Fotografik/Tobias Schneider, Berlin
S. 70 Mahrholz-MAURITIUS, Mittenwald; dpa/Fotoreport/idea
S. 72 akg-images, Berlin
S. 73 akg-images, Berlin; WestfälischesPferdemuseum/Oliver Hartmann
S. 76 © 2003 Ravensburger Spieleverlag
S. 78 The Fitzwilliam Museum, Cambridge, Mass.
S. 96 zefa visual media gmbh, Hamburg/D. Hoole; H. Reinhard; Rainman
S. 102/103 akg-images, Berlin
S. 104 akg-images, Berlin; Barbara Sengelhoff, Köln
S. 106 akg-images, Berlin
S. 107 Andrea Becker, Köln
S. 111 akg-images, Berlin; Archiv VWV; Gerhard Medoch, Berlin
S. 115 Cinetext, Frankfurt am Main
S. 118 zefa visual media gmbh/Damm, Düsseldorf; AGE-MAURITIUS, Mittenwald (2)
S. 121 IFA-Bilderteam, München/John Shaw

Bildrecherche Peter Hartmann

Rechtschreiben	Sprache reflektieren	Arbeitstechniken/ Übungsformen	Anregungen für die Weiterarbeit
Zeichen der wörtlichen Rede in Sätzen verwenden; Lernwörter strategiegeleitet üben; Wörter mit -ig; Abschreibübung / Partnerdiktat	Wortfeld *sprechen*; Aufforderungssätze; wörtliche Rede; Wörter mit Wortbaustein *DRAHT*; Verben in der Personalform einsetzen	informationsentnehmendes Lesen; Wortbedeutungen (Fachbegriffe) erklären, nachschlagen; Lernwörter strategiegeleitet üben Abscheibübung / Partnerdiktat	ein Hörspiel planen und durchführen
Lernwörter strategiegeleitet üben; Abschreibübung / Partnerdiktat	Sprachenvielfalt aufmerksam wahrnehmen; Sprachen und Schriften vergleichen, entziffern; Grußformeln in unterschiedlichen Sprachen zusammentragen; Zeitformen des Verbs (Präsens und Präteritum) in Texten verwenden; Sprachbegegnung: englischer Fernsehspot; Nomen im Text durch Personalpronomen ersetzen; grammatische Begriffe lateinisch/deutsch zuordnen; Sätze umstellen, Prädikat kennzeichnen	Informationen für andere aufbereiten; Lernwörter strategiegeleitet üben; Abschreibübung / Partnerdiktat	Internet als Informationsquelle nutzen; Plakat oder Folie gestalten; Spiele aus aller Welt sammeln; andere Kulturen und Lebensweisen vorstellen

Textquellen

S. 10 Ruf, Urs und Peter Gallin: Mathematik … In: „Ich du wir", © Lehrmittelverlag des Kantons Zürich, 1995
S. 12 Schwarz, Regina: Bums, zwei Stolpersteine … In: Sprach-Spiel-Spaß von A bis Z. Freiburg: OZ Velber 2002
S. 13 Schwarz, Regina: Zicke, zacke, … In: Sprach-Spiel-Spaß von A bis Z. a. a. O.
S. 17 Schwarz, Regina: Du. (Ich geh in deinem Gesicht …). In: Hans-Joachim Gelberg (Hrsg.): Überall und neben dir. Gedichte für Kinder. Weinheim/Basel: Beltz & Gelberg 1997 (Programm Beltz & Gelberg)
S. 20 Schwarz, Regina: Immer ich. In: Sprach-Spiel-Spaß von A bis Z. a.a.O.
S. 23 Nomaden. In: Kinderlexikon. Genehmigte Sonderausgabe. Volk und Wissen Verlag © 2003 Wissen Media Verlag GmbH, Gütersloh/München
S. 23 Steppe (gekürzt). In: Kinderlexikon. Genehmigte Sonderausgabe. Volk und Wissen Verlag © 2003 Wissen Media Verlag GmbH, Gütersloh/München
S. 28 Maar, Paul: In einem großen Schneckenhaus … In: H. Martin und B.H. Schmidt: Es kommt ein Bär von Konstanz her. Hamburg: Rowohlt 1964
S. 29 Wittkamp, Frantz: Als ich durch das Gartentor schaute … In: Ich glaube, dass du ein Vogel bist. Weinheim/Basel: Beltz & Gelberg 1990 (Programm Beltz & Gelberg)
S. 33 La colazione: Das Frühstück. Comic nach: Landesinstitut für Schule und Weiterbildung NRW (Hrsg.): Begegnung mit Sprachen in der Grundschule: Italienisch – Buon appetito. Soest 1992

S. 34 Schwarz, Regina: Küchengespräch. Erstveröffentlichung
S. 37 Spohn, Jürgen: Silben zum Kauen und Lutschen. In: Hans-Joachim Gelberg (Hrsg.): Überall und neben dir. a. a. O.
S. 39 Mai, Manfred: Leicht und schwer. In: Mücke (6–7/1987). Wiesbaden: Universum
S. 42 Gullatz, Ingrid: Das Poesiealbum (Auszug). In: Hans-Joachim Gelberg (Hrsg.): Die Erde ist mein Haus. 8. Jahrbuch der Kinderliteratur. Weinheim/Basel: Beltz & Gelberg 1988 (Programm Beltz & Gelberg)
S. 45 Schwarz, Regina: Immer kommt das Q … (verändert) In: Sprach-Spiel-Spaß von A bis Z. a.a.O.
S. 47 Borchers, Elisabeth: Schöner Schnee (Meistens ist der Schnee) In: E.B. (Hrsg.): Das große Lalula und andere Gedichte und Geschichten von morgens bis abends für Kinder. München: Ellermann 1971
S. 47 Naroska, Friederike: Kristallisieren. In: Mein Winterbuch. Freiburg: Herder Verlag 1990
S. 60 Meyer-Dietrich, Inge: Traumbuch (1. Strophe). In: Hans-Joachim Gelberg (Hrsg.): Oder die Entdeckung der Welt. Weinheim/Basel: Beltz & Gelberg 1997 (Programm Beltz & Gelberg)
S. 61 Wittkamp, Frantz: Als ich des Nachts … In: Ich glaube, dass du ein Vogel bist. a.a.O.
S. 66 Schwarz, Regina: Überrascht. Erstveröffentlichung.
S. 68 Schwitters, Kurt: So, so! (verändert). Nachdruck aus: Das Literarische Werk. Bd. 1-5. Köln 1973. In: Hans-Joachim Gelberg (Hrsg.): Großer Ozean. Weinheim/Basel: Beltz 2000 (Programm Beltz & Gelberg)

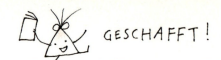

S. 69 Guggenmos, Josef: Was ist der Löwe von Beruf? (gekürzt) In: Hans-Joachim Gelberg (Hrsg.): Großer Ozean. a. a. O.

S. 74 Lindgren, Astrid: Pippi Langstrumpf (Übersetzt von Cäcilie Heinig). Hamburg: Oetinger 1986

S. 74 Lindgren, Astrid: Mio, mein Mio (Übersetzt von Karl Kurt Peters). Hamburg: Oetinger 1998

S. 77 Auf dem Reiterhof. In: Kommt ein Nilpferd in die Kneipe (Hrsg. Hans Gärtner). München: dtv junior 1992

S. 81 Das Holifest. Nach: Getrud Wagemann: Feste der Religionen – Begegnung der Kulturen. München: Kösel 1996

S. 85 Guggenmos, Josef: Die Kiesel. In: Was denkt die Maus am Donnerstag? München: dtv 1971

S. 92 Künzler-Behncke, Rosemarie: Gehen – laufen – springen. In: Hans-Joachim Gelberg: Überall und neben dir. a. a. O.

S. 93 Simrock, Karl: Die deutschen Sprichwörter. Düsseldorf: Patmos 2003

S. 98 nach Grzimek, Bernhard: Wollen Delphine Menschen retten? In: Siegfried Buck u. Wenzel Wolff: Texte und Fragen. 3. Schuljahr. Frankfurt am Main: Diesterweg 1975

S. 100 Müller, Wilhelm: Das Wandern ist des Müllers Lust (2. Strophe). In: Gottfried Wolters (Hrsg): Singende Schule. Möseler Verlag 1968

S. 107 Binder, Helene: Wie's Mäuschen … In: Für unsere Kleinen. Herrsching: Manfred Pawlak Verlag, o. J.

S. 111 Batterie. In: Kinderlexikon. Genehmigte Sonderausgabe. Volk und Wissen Verlag © 2003 Wissen Media Verlag GmbH, Gütersloh/München

S. 112 Disneys Das Dschungelbuch. (verändert). München: Egmont Franz Schneider Verlag 2003

S. 116 Wittkamp, Frantz: Leider. (Gestern hab ich mir …) In: Hans-Joachim Gelberg (Hrsg.): Überall und neben dir. a. a. O.

S. 120 Kinder in anderen Ländern. Nach: Hannelore Bürstmayr: Grün wie die Regenzeit. Mödling: Verlag St. Gabriel 1986

S. 121 Rosie lebt in Sydney. Nach: Miriam Schultze u. Marian Ansorge: Digeridoo und Känguru. Münster: Ökotopia Verlag 2001

S. 123 Kleberger, Ilse: Wirf mir den Ball zurück, Mitura. (Auszug). In: Erzähl mir von Melong. Düsseldorf: Patmos 1993

S. 124 Ein Spiel von den Philippinen. Nach: SOS-Kinderdorfmütter: Kinderspiele aus aller Welt. Niederhausen/Ts.: Falken 1994

S. 125 Ein Känguru und ein Dingo unterwegs. Nach: Miriam Schultze u. Marian Ansorge: Digeridoo und Känguru. a. a. O.

S. 125 Ringelnatz, Joachim: Die Ameisen. In: Rotraud Berner u. Edmund Jacoby: Dunkel war's, der Mond schien helle. Hildesheim: Gerstenberg 1999

Es ist uns trotz intensiver Bemühungen bis Druckbeginn leider nicht gelungen, alle Rechteinhaber zu ermitteln bzw. zu erreichen. Wir bitten in diesen Fällen darum, sich an den Verlag zu wenden.

 http://www.cornelsen.de

1. Auflage   Druck 4 3 2 1   Jahr 07 06 05 04

Alle Drucke dieser Auflage können im Unterricht nebeneinander verwendet werden.

© 2004 Cornelsen Verlag, Berlin

Das Werk und seine Teile sind urheberrechtlich geschützt. Jede Verwertung in anderen als den gesetzlich zugelassenen Fällen bedarf der vorherigen schriftlichen Einwilligung des Verlages. Hinweis zu § 52 a UrhG: Weder das Werk noch seine Teile dürfen ohne eine solche Einwilligung eingescannt und in ein Netzwerk eingestellt werden. Dies gilt auch für Intranets von Schulen und sonstigen Bildungseinrichtungen.

Druck: CS-Druck CornelsenStürtz, Berlin

ISBN 3-464-81417-3

Bestellnummer 814173

 Gedruckt auf säurefreiem Papier, umweltschonend hergestellt aus chlorfrei gebleichten Faserstoffen.